高校野球弱者の戦法

強豪校に勝つために

田尻賢誉 著

序章

日本一――。

この3文字の目標を掲げることから花巻東は始まった。佐々木洋監督が就任した当時の岩手県は弱小県の一つ。完全なる「弱者」だった。神奈川県の横浜隼人でコーチをしていた佐々木監督が地元の岩手に帰る際には、周囲にこう言われた。

「岩手というだけでバカにされるぞ」

事実、佐々木監督が初めて甲子園にチームを導いた2005年、組み合わせ抽選で花巻東と対戦することが決まった樟南（鹿児島）の選手たちは、拍手をし、歓声を上げて喜んだ。試合は1、2回で5失点するなど4対13の大敗。何もできないまま終わった。

バカにされた挙げ句、試合でも圧倒されて帰る悔しさ。佐々木監督は、この屈辱を忘れることはない。監督室の冷蔵庫には、監督対談時に撮った杮山《はぜやま》智博監督との写真が今も貼ってある。そして、その写真には太い黒マジックでこう書かれている。

「情けない」

そんなチームが「日本一」と口にするのは簡単ではなかった。樟南戦の大敗がもとで、当時中学生だった菊池雄星（西武）に「花巻東に行くと伸びない」と言う者もいた。「甲子園で1勝もしていないチームが、全国優勝なんてできるわけがない」と頭から否定する声もあった。それでも、佐々木監督の目標は変わらなかった。甲子園で大敗した悔しさのエネルギーを自らの原動力にした。

「日本一になるために、日本一の取り組みを目指そう」

もともと力を入れていた心の教育に、よりいっそう力を注いだ。

「野球のうまいロボットを作っているわけではありません。野球もできる立派な人間を作るのが指導するうえでの信念。選手たちには『6時間の授業の後、野球の練習が7、8時間目の授業のつもりでやりなさい』と言っています」

そう話す佐々木監督が徹底したのは「当たり前のことを当たり前にやる」ことだった。

まずは、あいさつ。花巻東の選手たちは、立ち止まったうえで、正しい日本語であいさつをしてくれる。

「おはようございます」「こんにちは」「ありがとうございます」

現代風の短縮語や「ちわっす」などの簡略語は使わない。

次に、整理整頓。道具はきちんと並べてそろえるのは当たり前。並べる向きにもこだわる。グラウンド整備をはじめ、グラウンド周辺のゴミ拾いなどの環境整備も徹底してやる。雄星が掃除を担当していたグラウンド脇のトイレも、いつもきれいに保たれていた。3年間のトイレ掃除を雄星はこうふりかえる。

「もちろんキツかったですし、やめたくなったこともありました。やっぱり、人の使ったトイレは汚いじゃないですか。ただ、何でも貫くことが大事だと思ったので、それを続けたことによって得られたものは大きかったと思います。例えば、**人のために何かをすることによって、人の立場で考えられるようになれました**。誰かがトイレを汚く使ったりすれば自分は嫌な気持ちになります。だからこそ、逆に自分はやらないようにしようとか、こういう大人にはなりたくないという気持ちになれる。精神的に成長できたのかなと思います」

雄星は大会中などに、データ班や打撃投手を務めてくれる控え選手たちに栄養ドリンクの差し入れをしていた。相手の気持ちを考えられるからこその行動だ。エースがこうだから周りの選手たちも自然とそうなる。甲子園では、控え選手たちの驚くべき姿を目にした。

試合前には報道陣に室内練習場で10分間の取材が許されている。選手たちがいる場所へはネットを持ち上げて入らなければいけないのだが、花巻東の取材時に限ってはネットを持ち上げる必要がない。なぜなら、背番号のない控え選手たちがネットを持ち上げていてくれるからだ。こんなことをしてくれるチームに出会ったのは、花巻東が初めてだ。しかも、このことを佐々木監督に伝えると、「本当ですか？」と驚いていた。選手たちの自発的な行動だったのだ。相手の立場になって考えられるからこその気づき。これが野球にもつながっているのは間違いない。雄星はこんなことも言っていた。

「（トイレ掃除は）人に見せるためにやっているわけではないですけど、そういう姿を3年間見せたことによって、仲間が（試合で）逆転してくれたりとか、助けてくれたのかなと思います。信頼というのは、1日や2日でできるものではないので」

最も人の嫌がるトイレ掃除を毎日続けることがどれだけ大変なことか。チームメイトたちはそれがわかっていた。だからこそ、スーパースターの雄星が浮くこともなく、むしろ一体となり、日本一のチームワークを生み出すことができたのだ。

当たり前のことを徹底することが気づきを生み、信頼感を生み、自信を生む。その自信が強い心を作り出す。センバツの南陽工（山口）戦、夏の長崎日大戦、明豊（大分）戦……。花巻東ナインが幾度も終盤に奇跡的な逆転劇を演じることができたのは、この強い心と無関係ではない。

プレーで徹底したのは全力疾走とカバーリング。野球の技術にかかわらず、誰もができることだからだ。一塁ベースを越えて外野の芝生までスピードを落とさない全力疾走は見事のひとこと。だが、それ以上にこだわっていたのがカバーリングだった。

走者が一人でもいれば、捕手の返球ごとにセカンド、ショートが投手の後ろにカバーに入る。

投手が一塁に牽制《けんせい》球を投げれば、セカンド、ライトはもちろん、センターとレフトまで動く。悪送球の悪送球、カバーに入った野手の悪送球にまで備えているからだ。それも、ただ入るだけではない。どの方向に球がこぼれても即座に対応できるように、腰を落とし、捕球姿勢までとる。一塁手の横倉怜武《さとむ》は、こう話していた。

「カバーリングは自分たちが一番大事にしていること。花巻東といえば、何よりもカバーリング。それが花巻東野球の真骨頂だと思います」

言葉で言うのは簡単だが、実際にやるとなるとかなりきつい。常に全力で走っていなければ追いつけないからだ。しかも、カバーリングはあくまでカバーリング。万が一、というように1万回に1回のために備えるのが目的であるため、全力疾走が無駄に終わることのほうが多い。それでも、手を抜かないのが花巻東だ。普段の練習から、「全力でカバーに走ったうえで、捕球姿勢までとる」というのがチームの徹底事項。少しでも緩めようものなら、他の選手から「ふざけるな」「さぼってるんじゃねぇ」といった厳しい言葉が浴びせられる。指導者からではなく、仲間からの言葉。それだけに、手を抜くことはできない。

実は、このカバーリングが09年の花巻東の快進撃のスタートだった。センバツの初戦・鵡川（北海道）戦の初回のこと。先頭打者のショートゴロを捕った川村悠真の送球はワンバウンドになった。微妙なバウンドだったが、ファーストの横倉は後ろにそらすリスクを承知で勝負に出た。結果的にうまくすくい上げて事なきをえたが、こういった思い切ったプレーができるのも後ろにカバーがいるから。横倉の後ろには捕手・千葉祐輔、セカンド・柏葉康貴、ライト・佐藤隆二郎の3人がカバーに走っていた。

「みんな自信と責任を持ってやっています。思い切ってさばきにいけるのは、カバーのある安心感があるからです」（横倉）

このアウトをきっかけに、雄星は8回2死まで完全試合という快投を演じ、波に乗った。カバーリングに自信と責任を持ち、それを誇りにしてきた成果が、甲子園の大舞台で春準優勝、夏ベスト4の結果となって表れた。

「相手よりカバーリングがしっかりできていれば、気持ちで優位に立てます。それに、相手ができていなければ、相手がミスしたら（次の塁を）狙える。攻撃面でそこを突くことができます。カバーリングを大事にする考えはいろんなところで役立っています」（レフト・山田隼弥）

花巻東の代名詞ともなった全力疾走とカバーリング。これだけ徹底しているからこそ、それを怠ったときには厳しいペナルティーが待っている。センバツ決勝の清峰（長崎）戦で捕手の頭上へフライを打ち上げながら、見失って走らなかった佐藤隆は、大会後、レギュラーから外された。しばらくは練習試合ですら出場の機会を与えられなかった。徹底事項を守れなければ、たとえ必要な戦力であっても試合には使わない。佐々木監督の厳しい姿勢、妥協を許さない姿勢もまた徹底力を高めている。

そしてもう一つ、他のチームを圧倒しているのがベンチの雰囲気だ。とにかく拍手が途切れない。声も途切れない。07年に駒大苫小牧（北海道）と練習試合をした際には、香田誉士史監督（当時）が「あの雰囲気をマネしろ」と言ったほどの盛り上がり。投手の投球練習の1球から、ベンチ前は拍手と大声に包まれる。

中でも、特筆すべきは危機のときや好機を逃した後のベンチだ。暗くなり、声もなくなる場面でこそ、花巻東ベンチは盛り上がる。夏の甲子園の横浜隼人戦では、7回に1死からセンターオーバーの当たりを放った雄星が三塁を欲張って憤死。もったいない走塁にスタンドからはため息がもれたが、花巻東ベンチはまるで得点を挙げたかのような笑顔で雄星を迎えた。そして、その直後に柏葉が勝ち越しの本塁打。柏葉は「アウトにはなったけど、雄星のあの走塁で流れがきたと思った」と言った。普通では考えられないとらえ方かもしれない。だが、暴走も花巻東のベンチにかかればプラス材料。前を狙う積極的な姿勢ゆえの好走塁に変わってしまう。こんなチームは他にない。

「本塁打で盛り上がるのはどこでもあることですよね。**流れが悪いときにこそ、流れを悪くしないようにしないといけない。流れが悪いときこそベンチの出番だと言っています**」（佐々木監督）

だからこそ、わき腹を痛めてマウンドを降りた雄星も懸命に声を出した。ベンチから盛り上げることが、チームに流れを呼ぶ方法だとわかっていたからだ。降板を余儀なくされ、暗い気持ちになりがちなところで、チームのために声を出す、伝令に走る、捕手の防具つけを手伝う、走者に出ていた投手に水やグラブを持っていく……。全力疾走やカバーリングに加え、こんなひたむきな姿が共感を呼び、スタンドからの拍手を呼んだ。

本気で日本一を目指した。その第一歩が取り組む姿勢で日本一になることだった。日本一のあいさつ、日本一の整理整頓、日本一の気づき、日本一の全力疾走、日本一のカバーリング、日本一のベンチワーク……。日本一の項目が増えていくことによって、野球でも日本一に近づいていった。手を抜かずやり切ったという自信と誇りが、日本一を信じる力になった。花巻東が目指した取り組む姿勢には、地域も、温度も、環境も、選手層も、技術も関係ない。どこにいても、誰もができることだからだ。当然ながら、「岩手のチームだからできた」という言葉を口にする者はいない。目標設定について、雄星はこう言っていた。

「日本一といっても、夢のような世界で半信半疑でした。でも、**気持ちややる気はあとからついてくる。かたちから入ることが大事かなと思います。日本一と口に出して連呼すること、日本一になるシーンを見てイメージを沸かせることによって、できるんじゃないか、やれるんじゃないかという気持ちに徐々になっていきましたし、実際に近づくことができた。**やっぱり、ワクワクしないと結果はついてこない。**結果が出たからワクワクしたんではなくて、日本一と言うことによってワクワク状態を作ったから結果も出たんだと思います**」

これまで言われてきた「岩手だから」「後進県だから」というのは言い訳にすぎない。できない理由を探しているだけだからだ。可能性を狭めるのは自分。可能性を広げるのも自分。本気で日本一を目指せば、行動も言葉も日本一になる。チームとして、何を目指すのかを決めることが大切であり、第一歩。本気の目標設定がチームを変える。
日本一——。
すべてはこの3文字を口にすることから始まる。

弱者が強者に勝つために その1

あいさつ、環境整備、気づき、全力疾走、カバーリング、ベンチワーク……。すべての面で本気で日本一を目指す

高校野球 弱者の戦法

強豪校に勝つために

目次

●弱者が強者に勝つために　その4
送球とカバーはペア。ミスを最小限に抑えるためにもカバーリングは必要。
徹底すればそれがブランドになり、自信にもなる……34
●弱者が強者に勝つために　その5
常に全国レベルを想定。声とジェスチャーで事前確認。
球場対策など事前準備は万全にする……39
●弱者が強者に勝つために　その6
指示待ち族に進歩はない。小さなミスも流さず、
選手同士で考え、指摘しあえる集団作りが必要……43
●弱者が強者に勝つために　その7
走塁は必ずうまくなる。二塁から安打が出れば、確実に本塁を奪う走塁が必要
（甲子園レベルはインパクトから本塁を踏むまで7・0秒以内）……48
●弱者が強者に勝つために　その8
現状維持は後退。監督は向上心を。選手には危機感を……51
●弱者が強者に勝つために　その9
とにかく徹底。チーム独自の徹底事項が必要……53

弱者が強者に勝つために

第2章 07年夏、佐賀北はなぜ勝てたのか？
思わず知らず応援されるようなチームにする……55

弱者が強者に勝つために

第3章

弱者が強者に勝つために

第4章 守備は誰でもうまくなる！佐賀商・森田剛史前監督の「守備ドリル」……133

守備ドリル

弱者が強者に勝つために

第5章

●弱者が強者に勝つために　その43
身の丈をわきまえ、できないことは求めない。
期待しないことが起きたときはここぞとばかり盛り上がり、
ピンチでの守りは流れを変えるチャンスのつもりでプラスに考える……177

●弱者が強者に勝つために　その44
投手をやるために最も重要なのは性格。
粘り強くやりきれる気持ちの強さが必要……180

●弱者が強者に勝つために　その45
常に基本を大切に。基本を完璧にやり続ける……180

●弱者が強者に勝つために　その46
変化球投手でも、主体になるのはストレート。
遅くても、ストレートの切れと制球力を磨くことを忘れない……180

弱者が強者に勝つために

第6章

東農大二・加藤綾投手からのアドバイス

「遅球のエース」を目指せ！……185

●弱者が強者に勝つために　その47
自分のMAXを知るために塁間の距離で思い切り投げ、
徐々に力を抜いて7～8割の力配分をつかむ……188

弱者が強者に勝つために

第7章

第1章

「弱者」がまずやるべきこと

駒大苫小牧・香田誉士史元監督に学ぶ

香田誉士史
こうだ・よしふみ
鶴見大コーチ。1971年4月11日、佐賀県生まれ。佐賀商高－駒沢大。高校時代は外野手として3度甲子園に出場。大学では2度、大学日本一を経験。大学卒業後の94年夏、コーチとして佐賀商高の全国制覇に貢献。駒沢大・太田誠監督（当時）の勧めで95年より駒大苫小牧高（北海道）監督に。13年間の監督在任中、春2回、夏6回甲子園出場。うち2004年、05年夏の甲子園を連覇し、06年夏は準優勝。出場8回の甲子園では15勝6敗1分。08年から鶴見大コーチ。

何かを感じさせるチーム――。

それは、たとえ「弱者」であっても存在する。全員が全力疾走をする。全員がカバーリングに走る。全員が元気よく笑顔でプレーする。全員が打席のホームベース寄りぎりぎりに立つ。全員が前の塁を狙って積極的な走塁をする……。そういったチームは、スタンドから見ているだけで伝わってくるものがある。どのような意図で、なぜそうしているのか。聞かなくても容易に想像ができるのだ。

では、なぜ何かを感じさせることができるのか。それは、徹底しているから。チーム全員が同じ方向を向き、同じものを目指している。そこには、特別扱いはない。たとえスター選手であっても、妥協は許されない。スターといってもチームの一員。一人で勝つことはできないのだから。

そういう意味で、最も徹底力を感じさせたのが、香田誉士史監督が率いた駒大苫小牧。まさに、雰囲気だけで相手を圧倒させられるチームだった。

駒大苫小牧が偉業を達成するまで、北海道の高校が全国制覇をすることなど誰も想像していなかった。むしろ「無理だ。できるわけがない」とまで断言されていた。甲子園から29年も遠ざかり、練習時の服装はジャージ。長髪にピアスの野球部からスタートしながら、10年でなぜ全国制覇が実現できたのか。徹底することによって生まれる力とは何なのか。〝徹底力〟の持つ意味と力。香田元監督の言葉には弱者が学ぶべきヒントがたくさんつまっている。

なぜ徹底することが必要なのか。香田元監督はこう言う。

「**弱いチームは個々の能力がないんだから、全員でかかっていかなきゃいけないんです。糸も1本だったら切れやすいけど、2本、3本ならだんだん切れにくくなる。それが50本になれば切れないですよね。その強さをつけるためには、何かを全員で徹底してやることが大事なんです。**ここは多少犠牲にしても……という部分もありながら、いろんなものを背負って一つのものに向かう。そういう集団作りが絶対重要だと思います。その意味で、寮生活をしているチームはそういうふうになりやすい。だから強いというのはあると思います」

監督就任時は長髪にジャージ姿の野球部員を見て言葉を失った。練習をしていても、彼らが本当に野球を好きでやっているとは思えない。話をしても、まるで聞く姿勢がなかった。

「話をしていても、知らんぷりして他のことをやっているヤツもいました。『全員に言ってんだよ。お前も関係あんだよ』と言っても、反応的に『はい』と言っているだけ。それぐらいの姿勢の子は、何か言ったとしても右から左に流れている。どれだけ指導者の言葉が入ってくるか。どれだけチームが一つの方向を向くかというものを作らなきゃいけない。そのためにはきちっとしたライフスタイルが絶対重要になると思います」

勉強も一生懸命やる。授業中に寝るのは許さない。制服の着方など生活面から始めて、ユニフォームの着方、グラウンドの整備の仕方、道具の並べ方、手入れの仕方まで指導していった。グラウンドの周りや室内練習場の掃除も、これでもかというぐらいやらせた。私生活をしっかりできない人間が、グラウンドでしっかりできるわけがないという考えからだ。約25人いた部員全員がそれらをできるようになるまで、2週間かかった。「突然来た人間に何でこんなことを言われなきゃなんねぇんだ」という部員もいたため、もめて、離れて、歩み寄ってのくり返しだったが、何とかそこまで持っていった。

「**一番初めは強制からスタートでしょうね。**反発も多少はあるから、そこは話し合いをしないといけないですけど。すごい労力でした。ストッキングを履く習慣もあまりなくて、ユニフォームは着ているけどストッキングは履いてないとかもありましたし。言ったことを一つやってきたと思っても、ピアスの穴をあけているとか、髪の毛はいつになったら切ってくるんだとか。恥ずかしいことを言えば、タバコの灰が出てきたとかもありましたからね。**強引に、『ふざけんな。言う通りやれ』というところからスタートしました。なめらかに入って、自然とできる人もいるかもしれないですけど、それは非常に難しいと思います**」

脱いだ靴をきれいに並べ、カバンも向きをそろえてしっかりと並べさせた。道具をそろえることによって心もそろうからだ。脱いだ靴をそろえておけば、履くときに心が乱れない。誰かが乱していたら、気づいた者がそろえる。誰かのミスをカバーすることは野球にもつながり、チームワークも育まれる。

もちろん、道具を大切に扱わせることも忘れなかった。駒大苫小牧で印象的だったのが、四死球で出塁する打者。バットを投げず、そっと足下に置いていく。道具への感謝の気持ちが放り投げる行為を許さなかった。

「感謝の気持ちを持って、『バットを投げないようにしよう』『道具を投げないようにしよう』と言っていました。(その場に置くことで)バットボーイが行くまでちょっと時間はかかりますけど、ダーッと走って取りにいけばいいんだから、と。それともう一つ、道具を粗末にするのを見て『何だ！』と思うのが日本人ですよね。見ている人や周りの人に好かれるためにも、**道具をきれいに並べて、大事にして、グラウンドをきれいにして、あいさつもきちっとして、応援してくれる人を増やすという意味合いもありました**」

死球を受け、痛さに腹が立ったり、物に当たりたくなったりしたときも、駒大苫小牧の選手たちはグッとこらえ、そっとバットを置いていった。そんな選手たちは、あいさつをしてくれるときも、「こんにちは」と言ったあとにニコッと微笑んでくれた。

高校野球の場合、どこの学校を訪ねてもほとんどの学校があいさつをしてくれる。だが、そのあいさつはいくつかのパターンに分かれる。「ちわっ」という短縮形の軽いあいさつ。目の前にいるのに数メートルも離れているかのような大声でのあいさつ。目も合わせないでただ声を出しているだけの形式的なあいさつ。そして駒大苫小牧の選手たちのように笑顔を交えた「こんにちは」というはっきりしたあいさつ。せっかくあいさつをしても、どうあいさつをするかで相手に与える印象は大きく変わってしまう。

「高校野球の場合、こうしなきゃいけないという反応であいさつをするじゃないですか。だいたいが『ちわっ』って。それは疑問でした。**『こんにちは』**のあとにひとこと、**ふたこと話してニコッとできるぐらいが本当はいい。気合を入れた形式的なものじゃなくて、気持ちのこもったもの**というのはずっと思っていました。そのためにも、目配り、気配りはできなきゃいけない。あいさつする者もいれば、素通りする者もいるようではダメ。ただ、全員がそうなるには根気がいりますけどね」

道具を大切に扱い、気持ちのこもったあいさつをすることで、駒大苫小牧の選手たちの心は変わり、周囲の見方も変わっていった。当たり前のことをどれだけ当たり前にできるか。簡単そうで実は難しいことの徹底が、チームを変える第一歩だった。

弱者が強者に勝つために その2

弱者がまずやるべきことは徹底。あいさつや服装、身のまわりの整理整頓からきっちりやる

当たり前のことといえば、全力疾走も同じ。香田元監督は、安打はもちろん、凡打でも常に全力で走ることを徹底させた。攻守交替で守備位置につくときも全力で定位置まで走る。練習中も、グラウンド内では常に全力疾走だった。

「全力疾走と元気を出してやろうというのは徹底ですね。**強くないんだから、『すぐできるこ**

とはすぐやれ』とよく言ってました。ヒットを打てとか、きちっと投げろというのはなかなか100パーセントできるものじゃないですけど、**全力疾走や元気を出すというのは、すぐに、絶対100パーセントできることですから。チームの一員として、100回やったら100回同じことができなきゃダメ。やらなきゃ交代だと。**ボールを追ってると意外と見過ごすので、プレーを見ないで、そればっかり見るようにしてましたね」

練習試合では、内野フライ、外野フライにかかわらずどんなフライでも二塁まで全力疾走して滑り込むことを義務づけた。

「**平凡なフライでも、1万回に1回落ちるかもしれない。**そのために走るんです。どんな打球でも全力疾走する。そのクセをつけるためでもあります。もちろん、**フライで全力疾走を怠ったら即交代。**少しでも『あぁ、アウトだ』という態度が見えたら交代ですね。これは、チームの徹底事項。抜くということはチームプレーに徹せられないということですから、そういう選手には『個人競技をやれ』と言っていました」

甲子園で優勝し、強豪と呼ばれるようになってからもフライ走は続けた。「これだけあきらめずにやろうという姿勢で常に野球をやっている」というのを周囲にわからせるためだ。強くなったからといって、野球に取り組む姿勢は変わらない。フライを上げたからといって抜くこともなく、全員で徹底してやることで、チーム力を見せつけることにもつながった。

全力疾走をすることで得られるものはたくさんある。常に全力で走ることによって、間一髪のプレーが増え、相手の野手を慌てさせることができる。全員が抜かずに走ることによって、チーム全員が俊足であるかのように錯覚させることもできるかもしれない。練習中も常に全力で走っていれば、それがダッシュの代わりになり、体力強化にもつながる。さらに、2008年夏の浦添商（沖縄）、09年春夏の花巻東（岩手）がそうだったように、スタンドの応援をもらうことができる。この2チームは、凡打でアウトになっても外野の芝生までスピードを落とさず全力で駆け抜けていた。近年は凡打の内容が悪ければ悪いほど全力疾走を怠り、一塁ベースまで到達せずにベンチに戻る高校生も少なくないが、そんな姿勢では決してスタンドから声援を受けることはないだろう。全力疾走はプラスにこそなれ、マイナスになることは一つもないのだ。

弱者が強者に勝つために その3

"すぐできることはすぐやる"。チームの一員として、徹底事項は100回中100回同じようにできなければダメ。全力疾走できなければすぐに交代

もう一つ、当たり前のことで徹底してこだわったのがカバーリングだ。走者がいる際、投球を受けた捕手が投手に返球するときはセカンドとショートが瞬時に投手の後ろにカバーに入り、捕球姿勢をとる。練習試合でそれを目にした青森・弘前学院聖愛の原田一範監督は、その姿を「忍

者のようでした」と表現した。

走者なしで左方向へのゴロが飛べば、セカンドと捕手が一目散にファーストの後ろへカバーに走る。04、05年の連覇時にセカンドを務めた林裕也（東芝）は、あまりにも全力で走るために一塁塁審と交錯しそうになり、「危ないからそんなに走るな」と意味不明の注意を受けたほどだ。06年にマスクを被っていた幸坂好修はサード、またはショートとファーストの延長線上に入るべく、重い防具をつけて猛ダッシュ。勢い余って最後はスライディングしないと止まれないこともあった。

06年夏の南北海道大会決勝・札幌光星戦ではこんなこともあった。4回表、先頭の廣瀬祐輔に左中間を深々と破る打球を打たれた。ショートの三木悠也、セカンドの山口就継が中継に走り、ファーストの中澤竜也が二塁ベースのカバーに入る。カットに入った三木の送球がそれてボールは一塁ベース付近に転がったが、なんとそこにはライトの鷲谷修也がいた。普通なら、ライトがダイヤモンド内まで来ることはほとんどない。また、そこに来て待っているためには全力で走らなければならないが、試合後、鷲谷はこう言って平然としていた。

「いつもやっているプレー。練習通りです」

左中間への打球の場合、ライトはレフト、またはセンターと二塁ベースを結ぶ延長線上に入るのが約束。駒大苫小牧では、ボールを使わないイメージノックや、わざとエラーをしてカバーに入っているかどうかを確認する練習で、どこへ飛んだらどこにカバーに走るかを瞬時に動けるようにしていた。カバーに入った選手は、行って満足するのではなく、実際にボールが来たときに対応できるよう捕球姿勢までとる。ときには、カバーリングの練習だけで1日全部を費やしたこともあったほどだ。

「**投げるのに対してカバーというのは絶対につきものですよね。それなのに、カバーというとなんとなく付録みたいな感じになる。こなすけど、本気で行かないというか。投げるのとカバーはペア。絶対なきゃいけないものという感覚で見れば、手を抜くヤツに『何やってんの?』というふうになると思います。**だから練習でも、『そこに止まれ! どういうかたちで立ってたの? それは完璧に対応できる待ち方か?』と何回も確認しましたね」

練習中には実際にこんなこともあった。投手ゴロで併殺を狙う場合、投手は二塁に送球した後にファーストの後ろへカバーに走ることを義務づけられていたが、カバーには行ったものの、全力で走らなかった田中将大(楽天)に対し、「オレはダッシュって言ってんだよ。お前のダッシュはそれか?」と声を荒げたのだ。大事なエースだろうが、スーパースターだろうが関係ない。妥協せず、チームの決め事は徹底してやらせた。

「(セカンドまたはショートが)暴投してフェンスに跳ね返るのをイメージして走らせていました。試合になったら(体力的に)きついとかいろいろあるから細かくは言いませんが、練習の段階ではやらなかったら絶対に許しませんでした。特にピッチャーは抜きがちですからね。(ファーストの)真後ろまで行って構えさせるところまでさせていました」

投手が二塁牽制《けんせい》球を投げる場合、牽制を投げた瞬間に捕手は三塁ベースの後ろに走る。これは牽制が悪送球となり、さらにセンターが三塁に悪送球を投げたときに備えての動きだ。次のプレーだけではない。次の次のプレーまで考えてカバーに走らせていた。「マニアックなところまで考えていた」という香田元監督は、ホワイトボード片手に絵を描いてあらゆるケースのカバーリングを想定していた。

「『すごいね』と言われてうれしさはありましたけど、まだ納得できない部分もあるから、もっと、もっととなるんです。だから、他のチームから見ればかなりやっている選手でもあえて『出とけ』と外すこともある。『何だ、それぐらいしかできないのか？』と。やらないのがおかしいんだという感覚ですね」

3年連続夏の甲子園で決勝に進出するころには「駒大苫小牧といえばカバーリング」「カバーリングといえば駒大苫小牧」と言われるほどになっていたが、満足したことは一度もない。むしろ、代名詞となったからこそ、さらに徹底した。

「**選手たちの中にも『カバーは苫小牧のブランドだぞ』みたいな部分はあったと思います**。見えないところにも自信を持っていたからこそ、公式戦でも『ここまで行くか？』みたいなところまでのカバーを見せてくれたんだと思います」

ほとんどエラーの出る確率のないプロ野球でも、走者が三塁に行けばセカンドとショートは捕手の返球時に投手の後ろにカバーに入る。文字通り、万が一に備えてのことだ。高校野球では、万が一どころか、もっと頻繁にエラーが出る。09年夏の甲子園でも、実際に捕手の返球を1試合に3回も後ろにそらした投手がいたほどだ。ところが、近年は高校生でもカバーを怠るチームが増えてきた。強者でカバーへの意識が高いのは香田監督当時の駒大苫小牧、花巻東、中京大中京（愛知）、龍谷大平安（京都）など数えるほど。強者であるうえにカバーへの意識があるのだから、これらのチームに隙を見つけづらいのは当たり前。上位進出することが多いのも納得だ。

もちろん、弱者であればあるほど、カバーの重要度が高まるのは当然。無駄な失点を防ぐためにもカバーの意識が必要だ。また、先述したように近年はカバーの意識がほとんどないチームも多い。甲子園レベルでも投手が一塁へ牽制球を投げているのに一歩も動かないセカンド、走者一塁で打者が送りバントの構えをしているのに一歩も動かないライトがいる。全力疾走もカバーリングも、強者がさぼるからこそ、弱者がやる意味は大きい。「この部分はオレたちのほうが上だ」という自信を持てるからだ。誰もができるのにやらずに見過ごされていること。これを増やしていくだけで、弱者が強者と戦える要素は増えていく。

駒大苫小牧は04年夏の決勝で済美（愛媛）を1対5から、05年夏の準々決勝で鳴門工（徳島）を1対6から、06年夏の3回戦で青森山田（青森）を1対7からひっくり返している。香田元監督の考えでは、甲子園で再三、大逆転劇を演じることができたのも、「すぐできること」を徹底してきたからこそだという。

「カバーリングや全力疾走、私生活から何からできるだけのことをやってきた1個1個のことが、

全部材料になるんです。あいつらは（自分たちを）信じきってましたから。やってきたことが全部絡まって、あそこでガーンと力を発揮している。一つ乗っちゃったらイケイケになっちゃうぐらいでしたしね。そういう力を生み出すのは日々のこと。過程が大事だと思います」

弱者が強者に勝つために　その4

送球とカバーはペア。ミスを最小限に抑えるためにもカバーリングは必要。徹底すればそれがブランドになり、自信にもなる

香田元監督は、監督就任時から全国制覇を目標に掲げていた。甲子園から29年も遠ざかり、長髪にジャージで練習していた野球部にもかかわらず、だ。当時、蛇田高（北海道）を率いていた石川尚人監督には、今でも忘れられないことがある。中学生の試合を見に行ったときのこと。同じく視察に来ていた香田元監督の帽子に『全国制覇』と書かれていたのを見つけたのだ。全国制覇どころか、全道大会にすら出られていない野球部。中学校を訪問しても相手にされていない状態でも、香田元監督は「てっぺん」を目指していた。

「チームを持ったばかりのころ、校長からも『全道に出てくれればいいから』と言われて、えっと思いましたね。『ウチはそんなに望んでないから』と言われて、『いえ、あくまで甲子園だと思

います』とか言って。甲子園がかなり遠い存在で、無理だという感じだったので、ある意味楽でした。全道に出たら、何も言われる筋合いはないというぐらいでしたから」

それでも、絶対に日本一になりたいという想いは強かった。駒大時代の1994年、コーチを務めた母校の佐賀商がノーマークから全国制覇。やればできるという思いがあったからだ。

「**日本一を目指すという想いに迷いはなかったですね。**なぜそう思えたかというと、あの佐賀商でも優勝することができたから。あのチームは（田中公士）監督も『史上最弱チーム』と言っていたぐらいで、それこそ弱者でしたから。もちろん、年月が経ったり、入れ代わりもなきゃ難しいというのはあります。それでも、**とにかく負けないで想いを伝え続けないといけない。**根気がいります。今の時代は特に、ゲームも遊ぶものもいろんなものがありすぎますから、心の底から同じ方向を向くっていうのはなかなか難しい。根気しかないと思います」

当時全盛だった駒大岩見沢（北海道）には毎年練習試合をお願いした。ヒグマ打線の餌食となり、2ケタ失点も珍しくなかったが、何度も何度も挑戦した。

「やっぱり、勝たなきゃ意識は上がりません。だから、練習試合でも何とか、という想いはありました。自分が負けず嫌いというのもあると思いますけど、ボコボコにやられながらも毎年やって、何とかしてやろう、勝たせてやろうと思ってましたね」

日本一を目指すにあたり、妥協しなかったのは常に甲子園レベルを目指すこと。私生活から雰囲気まで全て全国レベルを目標にしたが、その中でも特にこだわったのが声だった。声といっても、ただワーワーと大声を出すことは求めない。必要なのは、プレーを指摘する声、意思疎通を図るための声、連係をとるための声、チームを叱咤激励し、勇気づける声などだ。野手同士の間にフライが上がったときには、「よし」「任した」「どけ」と声を出すが、その声は、あくまで甲子園で応援のブラスバンドが演奏していても聞こえるぐらいが基準。練習試合の静かなグラウンドで聞こえていればOKということはなかった。しかも、出す声はできるだけ高く。駒大苫小牧の選手たちがキーキーした声を出すのは、周りが騒がしくても高い声のほうが通りやすいからだ。グラウンド内では、先輩、後輩に関係なく「さんづけ」は禁止。「**呼ぶときに○○さんなんて言ってる時間はない。試合になれば上下関係は関係ないから**」（香田元監督）だ。ノック中も、香田元監督の求める声が出せない選手は外された。

練習では、ボールを使わず、声だけでのイメージノックも行っていた。通常のノックと同様にポジションに分かれる。ボールがないだけで、やることは同じ。ファーストゴロなら、ボールがあることを想定して投手はベースカバーに走り、ファーストのトスの動作に合わせて「はい、ピッチャー」「はい、ファースト」とそれぞれ声を出す。外野からのバックホームも同様。外野手の捕球する位置を想定して内野手が中継に走り、捕手が「もっと右、ストップ。カット」などと指示。カットマンは大きな声とジェスチャーでボールを呼ぶ。長いときは、これを延々2時間もくり返した。

その成果は公式戦でも随所に見られた。05年秋の全道大会2回戦の函館工戦。4回2死一塁で打球は左中間へ。レフトから中継リレーに入ったセカンドの山口に対し、ショートの三木が「サード、サード」と指示。山口は本塁に送球する体勢から方向転換して三塁に送球、一塁走者よりも先に打者走者をアウトにした。失点を防ぎたい気持ちが強くなる場面でどちらがアウトにできるかを冷静に判断した点も見事だが、大声での指示もさすがだった。

確実なプレーをするためには、事前の準備も必要だ。アウトカウント、どこに走者がいるか、走者の足の速さ、グラウンドの状態、風向き、太陽の位置、それぞれの肩の強さ、守備力などを考慮し、打球が来る前から常に声とジェスチャーを出して確認。事前にだれがどう動くかをイメージしていた。1球で流れが変わるのが野球。1球で勝負が決まるのも野球。「わかっているだろう」は厳禁。わかっていても、あえて確認する。それにより、ボーンヘッドは確実になくなり、質の高いプレーにもつながる。

だからこそ、駒大苫小牧の外野手はこんなプレーができる。05年秋の明治神宮大会1回戦の清峰（長崎）戦。6回表、左中間に上がったフライに対し、レフトの岡川直樹が捕球しようと打球を追いかける。センターの本間篤史は迷わず岡川の後ろ、バックアップの位置に走った。結果的に、岡川は届かず打球は二人のちょうど真ん中に落ちたが、後ろに来ていた本間が難なく処理。打った瞬間は完全に二塁打と思われた打球をシングルヒットにとどめた。そのプレーについて本間はこう言っていた。

「最初からレフトに任せてました。先にどちらが捕るか決める声を出さないと完璧に抜かれていた当たり。早めの声かけを心がけています」

事前準備と声。これで交錯を防ぎ、相手にチャンスすら作らせなかった。ちなみに、大会前の練習では、外野手が太陽と重なる造りの神宮球場対策として、あえて日光でまぶしい方向から打つ外野ノックを行っていた。サングラスをかけるだけで球の見え方や走り方に影響を及ぼす可能性もある。試合で考えられることは全て事前にチェックしていた。

常に全国レベルを想定すること、ブラスバンドにかき消されない大きな声を出すこと、事前の準備を行うこと。これらは全て弱者でも可能だ。駒大苫小牧だからできたのではない。誰でもできる、すぐできることを確実にやっていたから、駒大苫小牧は強者になれたのだ。

弱者が強者に勝つために　その5

常に全国レベルを想定。声とジェスチャーで事前確認。球場対策など事前準備は万全にする

駒大苫小牧の練習はしばしば中断される。何か気になることが起きるたびに話し合って確認するからだ。だが、その輪の中心にいるのは香田元監督ではなく選手たち。なぜ今のミスが起きたのか。そのミスを防ぐにはどうすればいいのか。選手同士で話し合う。野球はたった一つのミスで負けるスポーツ。些細な問題であっても、流さずにしっかりチェックを入れる。

05年の春、ある日の練習ではこんなことがあった。走者をつけたケース打撃でのこと。一塁走者のリードを見た他の選手たちから、いっせいに声がかかった。

「おめー、公式戦ではそんなに出てなかったぞ」

「練習ではそこまで出られるのに、試合だと出られねーんだな」

普通、走者のリードを見るだけで、これだけの声がかかることはない。リードが大きいといっても、1歩、2歩のはず。リード幅のわかりやすい人工芝球場のアンツーカーならまだしも、土のグラウンドだ。それでもこれだけの声がかかるのは、それぞれ選手のリード幅、チームとして徹底するリード幅を他の選手が把握しているから。その1歩のために牽制でアウトになったら……。そう思えば、注意する声が出て当然。たった一人のわずかな隙かもしれないが、それを流すことで試合で泣くのはチーム全員なのだ。

気の緩み、抜いたプレーは見逃さない。「夜遅くまで遊んでたからじゃねーか」「練習だから牽制はないと決めつけてたんじゃねーか」など選手同士の指摘は続く。技術的なミスなら、わかる選手がアドバイスを送る。判断ミスなら、ミスをした選手だけでなく、周りがしっかり声を出していたのか、その声は伝わっていたのか確認する。指導者に言われたからやるのではない。自分たちがうまくなりたいから、試合に勝ちたいから選手たちは自分たちで動く。

「**弱いチームなら、能力的に低いからこそいろんな会話をして、つながれてないといけない。守ってても、攻撃をしていても、糸でつながれる行為をいっぱいしないとダメだと思います。**守りなら見えない線でつながれてみんなで守備をする。一人でアウトを取ることはめったにないですよね。ゴロを捕ったら投げるわけですし、三振もピッチャーが投げたらキャッチャーが捕らなきゃいけない。それにカバーがついて、複数が絡んでプレーするわけですから。打つのも打線というように『線』。前もってこのケースはこうだよな、ああだよなという、線を太くするための会話をして、試合になったら『このケースどうする？』ではなく、『この前練習でやった通りだな』というぐらいにならないと本物の強さにはなりません。守備位置でも、自分らで『前だな、後ろだな』と決めて、こっちに『いいんですよね？』と最終確認するぐらいの感じが漂ってないとダメだと思います。

何回も何回もやりながら、意見を言わせながら、会話をしながらそういうものができあがっていく。誰かの声に対して、誰かが受けを出して、集まって、話して、やってみようということを何度もやりました」

もちろん、駒大苫小牧の選手たちもはじめからできたわけではない。当初は香田元監督自ら、アドバイスや指示、命令をすることも少なくなかった。

「**こっちから言って『はい』というかたちでも、ある程度のところまでは行くと思います。**でも、行き詰まっていたころに（98年秋から99年秋にかけて4季中3度が全道大会または南北海道大会でベスト4止まり）そのやり方に疑問を感じました。何か違うんだよなと。選手が考えているのかどうかを引き出さなきゃいけないと思うようになりました」

能力が低く、意識も低い選手は何も考えずにプレーしていることが多い。指導者に言われたからその通りやっているだけ。中学時代はこうやっていたから、先輩がそうしていたから同じようにやっているだけ。だから何度も同じミスをくり返すし、上達も遅い。だからといって指導者が答えを言うことは簡単だが、それでは選手たちは何も考えず、答えを待つようになってしまう。言いたいことがのどまで出かかっても、あえて言葉を飲み込むことも指導者には必要なのだ。もちろん、あまりにもレベルが低い場合は別だが……。

「**強くなったあとでも、言い過ぎてると思ったことはありました。**やばい、やばいと」

では、どうすれば選手同士で活発な意見が交わせるようになるのか。香田元監督もそこに腐心した。

「ミーティングをしていても、この空気じゃ言葉も出てこない。何か違うなという感じでした。考えてみたら、そういうときは『～していきましょう』みたいな感じでしゃべってる。それで、『何で敬語みたいな口調なの？』と。**教室で、あーじゃねぇ、こーじゃねぇとしゃべってる口調でいい。初めて出会った人たちの集団じゃないんだから、普通の会話をしよう、普段の言葉が出てくるようにしようと注文をつけました。それと、何か言ったヤツには耳を傾けること。否定しないようにして次も言える雰囲気を作りましたね。**

あとは、**そういう場で何も言わないヤツは何も感じないヤツだと。『鈍感なヤツは野球できない』『意欲がないから感じないんだ』と強調してやっていました**」

弱者が強者に勝つために その6

指示待ち族に進歩はない。小さなミスも流さず、選手同士で考え、指摘しあえる集団作りが必要

練習試合のあとは選手たちだけで反省のミーティング。遠征の場合は、帰りのバスの中がミーティングの場だ。選手が司会をして、1回表から9回裏まで気になった部分を挙げていく。香田元監督は、ときおり気になった点だけ口を挟むだけだ。それでも選手間の意見は活発。勝つためには、どんな小さなことも見逃さない。「あいつは一塁駆け抜けで最後の1歩を抜いていた」「エラーすると決めつけて走っていた。本気で走ってればもう一つ行けた」などから、ときには「そんなこと言われなくてもわかってるよ」ということまで指摘しあう。指名されて感想や意見を求められるため、ただボーっと聞いているわけにいかない。もちろん、このミーティングで話せるように、試合中は出番がなくても漠然と過ごすわけにはいかない。自分の意見が言えないようでは、他の選手たちからいっせいに厳しい言葉が浴びせられるからだ。

選手たちだけでここまでできるようになるには時間がかかる。だが、指示待ちのロボット選手では確実に限界がくる。逆にいえば、たとえ能力は低くても、気づき力があり、考えて野球ができる選手がそろっていれば、必ず戦える。弱者こそ、会話のできる集団でなければならない。

駒大苫小牧の代名詞には「カバーリング」とともに「走塁」がある。守備とともに、練習すればするほどうまくなる分野だ。実は、駒大苫小牧も甲子園で屈辱を味わっている。03年のセンバツ。藤代（茨城）相手に1対2で敗れた後、敵将の持丸修一監督（当時）にこう言われている。

「おおらかな野球というか、何でこんなに優しい野球をするんだと思いましたね。何が何でも1点を取ろうとか、同点になってからも、よしいくぞというものを感じませんでした」

8回1死二塁からのレフト前安打で二塁走者の糸屋義典が三塁でストップしたプレーについてはこうだ。

「ここで回していたら面白かった。打った瞬間、2対2になったと覚悟しました。今だから言いますけど、レフトは肩が弱いんです。それをノックのときに見られていると思ったので、あそこは回してくるだろうと。そしたら止めたでしょう。これはついてるなと思いましたね」

これが香田元監督の闘志に火をつけた。先の持丸発言が、「関東ならあれぐらいの打球は全部回るよ。そんなんじゃ関東大会は勝ち上がっていけないよ」というふうに聞こえたからだ。ここから、走塁練習を徹底的にやった。

安打を放って一塁をオーバーランしたあとも、ボールから目を離さず、投手に返球するまでいつでも次の塁を狙う姿勢を作る。一瞬の隙も見逃さないためだ。一塁走者、二塁走者のリードは全選手が最大限にとる。どんな足の遅い選手でも最低限のリード幅を決め、大きめのリードをとった。シャッフルで第二リードをとり、インパクトに右足を合わせて好スタートを切る。走者二塁で単打が出れば、全て狙うは本塁だ。実戦形式の練習はもちろん、室内での打撃練習中も各塁に走者を3人ずつつけてリード、シャッフル、スタート、バックの練習を欠かさなかった。カバーリングと同様、ボールを使わないイメージ練習もした。

「野球はホームを多く踏んだほうが勝ちですから。全力疾走は当たり前。先のベースを踏むためにどのような工夫をして、どのような判断をするか。そういう練習ばかりでした。そうやっていると、このケースは割り切ってスタートしちゃえとか、いろいろ出てくる。それを含めて**全員が徹底してやればそれがチーム力になる。相手チームは心理的に絶対嫌だと思います**」

練習や練習試合では、カバーリングと同様に走者ばかり目で追った。ボールの行方より走者の動き。今のスタートは、今の判断は、今のコースどりは……。とにかく次の塁を奪うため、1点を取るために妥協はしなかった。

「**打った瞬間にバッターはランナーですから。**ランナーは細かく見てました。『うまい!』とか『何で今の行けないんだ』とか言いながら敏感に。はじめは『二塁からはどんな打球もとにかく全部ホームへ行かなきゃいけない』というところからスタートするんですが、日々そうやっていると、監督が納得する走塁とはどんなものだろうかとか、こうしたらホームが取れたとかがわかってくる。喜びもプレッシャーも出てくるんです」

その結果、駒大苫小牧の走塁は飛躍的に向上した。二塁から単打(内野安打は除く)で本塁にかえって来るのが当たり前になった。甲子園で決勝に進出した3年間で、走者二塁から単打が出たときにホームインした走者の数は以下の通りだ（カッコ内は生還率）。

04年　12／17（．706）
05年　8／10（．800）
06年　4／5（．800）

参考までに08年の夏の甲子園ベスト8進出校の数字は以下の通りだ。

①聖光学院　3／4（．750）
②常葉学園菊川　4／7（．571）
③横浜　5／9（．556）
④大阪桐蔭　7／14（．500）
④智弁和歌山　5／10（．500）
⑥慶応　3／7（．429）
⑦報徳学園　2／5（．400）
⑧浦添商　3／8（．375）

駒大苫小牧が3年続けていかに高い数字を出しているかわかる。足は急激に速くならないが、走塁は急激に速くなる。1日で0・5秒速くなることも夢ではない。毎日、意識を持って取り組みさえすれば必ずうまくなる。弱者にはまず連打は期待できない。安打や四死球、相手失策で出塁したら、何とか二塁まで送り、いかに一本でかえって来られるか。二塁からの走塁が勝負になる。

弱者が強者に勝つために その7

走塁は必ずうまくなる。二塁から安打が出れば、確実に本塁を奪う走塁が必要（甲子園レベルはインパクトから本塁を踏むまで7・0秒以内）

駒大苫小牧がなぜ2年連続全国優勝、3年連続決勝進出できたのか。それは、これまで書いてきたこととは別に、あくなき向上心があるからだ。優勝したあとも、連覇したあとも、いつグラウンドを訪れても、新しい練習を取り入れていた。冬の練習も初めは雪上ノックや打撃練習だけだったが、ついには雪上での紅白戦までやるようになっていた。

「優勝して、何となくわ〜っとなっているところに、マンネリ化したようなことをやったって何の刺激も面白みもない。**その上に引き上げるには針を刺すぐらいのことをしないと、**何となくという感じでやるんじゃないかと思ったんです。もちろん、『優勝したから何なのよ』みたいな、自分自身の性格的なものもありましたけど。

去年と同じことをやってたら優勝できると思ってるの？　先輩を超えるにはどうしたらいいの？　超えなきゃ面白くないだろ？　という感じで、さらに上、さらに上だと」

たった一度でも結果を残したがために、その実績にあぐらをかいて〝一発屋〟に終わってしまう指導者は数多い。以前勝ったときの指導法のまま、何年も同じ練習をしている指導者もいる。それでは現状維持が精一杯だ。

頂点に立っても満足することなく常に上を目指す姿勢があれば、チームの伸びしろはいくらでもある。だからこそ、香田元監督は亜細亜大や関東学院大などに出向いて勉強を怠らなかった。野球関係者には積極的に質問し、得られるものがないかを常に探していた。

「何かしかけてやれと思うんですよね。マンネリがすごく嫌なので。いろんなところで聞いたり、教えてもらったりして、使えるなと思ったらバーッと変えてみたり。走塁でも、連係プレーでも、サインプレーでも、これ入れるから考えてみてくれということもありました。

それと、選手たちには気持ちに余裕すら持たせないぐらいのことをしなきゃいけないと思っていました。**『2年で試合に出てたから今年は確実にひとケタをつけて出るのか？　そんなわけねーぞ。安易に考えるんじゃねぇ。お前が出なくたってチームは成り立つんだよ』ぐらいのことは普通に言ってましたね。**

変えることで悪くなる怖さもありますけど、それは全く考えなかった。それよりも、（勝ったことで）負ける怖さのほうがありましたね。優勝しても、去年は去年。またさらに上に行くために自分も頑張るから、お前たちも頑張れという感じでやってきたから、勝てたんだと思います」

たとえ結果が出ても、これでいいと思った時点で終わり。その時点で成長は止まってしまう。だからこそ選手にも常に競争させ、危機感をあおった。1年からベンチ入りし続けていた吉岡俊輔も、2年夏に甲子園の決勝で先発出場した鷲谷も、3年の春にベンチ外を経験している。選手は、たとえメンバーに入ったからといって安泰ではない。チームも優勝したからといってそれが最高ではない。上を見れば見るほど、最高を目指せば目指すほど限界はない。満足は敵。駒大苫小牧ですらそうなのだから、弱者が満足しているヒマなどない。

弱者が強者に勝つために その8

現状維持は後退。監督は向上心を。選手には危機感を

最後に香田元監督から弱者へのメッセージをもらった。

「**志高く、夢を大きく持ってやることが大事。**弱いからこそ、チームとしてどうか、束になってどうかですから。チームとして考えれば、やるべきことは何かがだいたいわかってくると思います。**〝すぐやれることはすぐやる〟のは絶対として、チームとして徹底することは絶対に徹底する。そうすれば、相手には何かやるんじゃないかというふうに見えます。打つ、捕る、投げる以外のところで個性を出していく。**最近は打撃技術などは上がっていると思いますが、打つとか、投げるとか、そっちに目が行き過ぎている気がしないでもないですからね。

駒大苫小牧の場合はそれが全力疾走やカバーリング、走塁でしたが、それは何でもいい。『リ

スクを背負ってでもウチのチームはこういうケースは全部タッチアップしよう』とか、いろんな考え方があると思います。そういうことをやることですね。有名校で選手がそろっていても勝てないチームというのは、そういうのができていない。野球の細かいところが麻痺して見えなくなっている感じがします。カバーなら、セカンドはちゃんと行っているのか、ライトはどこまで行っているのか。走塁なら、どうやって回るのが一番か、より早い判断をするにはどうしたらいいか。そういうことを見過ごさずきちっとやるチームが甲子園でも勝つ。甲子園球場の空気を勝つほうに持ってこられると思います」

弱者が強者に勝つために その9

とにかく徹底。チーム独自の徹底事項が必要

第2章

思わず知らず応援されるようなチームにする

07年夏、佐賀北はなぜ勝てたのか？

百崎敏克

ももざき・としかつ

佐賀北高監督。1956年4月4日生まれ。佐賀県出身。佐賀北高－国学院大。高校時代は外野手としてプレーし、3年夏は県大会4強入り。主将も務めた。大学時代は野球から離れたが、卒業後、80年に佐賀農芸高（現・高志館）監督就任。88年から90年は佐賀東高監督。92年夏、同校の甲子園出場時は部長。94年、神埼高に異動し監督に。2001年には春夏連続甲子園出場。04年から母校監督に就任し、07年夏には全国制覇。国語科教諭。

身の丈野球――。

2007年の夏の甲子園を制した佐賀北の戦いぶりはまさにこれだった。自分たちの実力を把握し、実力以上に背伸びをしたことはしない。一方で、実力の範囲内でできることは100パーセントやりきる。投手陣は徹底して外角低めにボールを集め、打てない打者は2ストライクまで待ち、スペシャリストは自分の持ち場を心得ていた。どうしても背伸びをしてしまいがちな大舞台で、ぶれることなく最後までその姿勢を貫き通した集中力には脱帽させられた。

夏の甲子園優勝チームとしては、1974年の金属バット採用以降最も低いチーム打率2割3分1厘だった佐賀北。全国的に見れば明らかに「弱者」と言っていい。だが、その内容を見てみると決して勝ち方は偶然ではない。「勝ちに不思議の勝ちなし」だったのだ。日々の練習、生活から積み重ねてきた準備力が甲子園の舞台で発揮された結果だった。

佐賀北には弱者が学ぶべき考え方、方法論が満載。その中には〝すぐできる〟ことも少なくない。その中身を惜しみなく披露してくれた百崎敏克監督の言葉をヒントに、弱者の成長する糧としてもらいたい。

全国優勝後の講演などで、百崎監督がしばしば口にしていた印象的な言葉がある。それは「**思わず知らず応援したくなるチーム**」。07年夏の佐賀北はまさにその通りだった。準々決勝の帝京（東京）戦しかり、決勝の広陵（広島）戦しかり。選手たちが「完全にホームでしたね」と口をそろえたように、アルプススタンドだけではなく、甲子園球場全体の観客が佐賀北に拍手を送っていた。声援がバックネット裏の銀傘にこだまし、地響きをたてる。記者席にいて、甲子園が揺れているような錯覚に陥るほどだった。スタンドですらそう思うのだから、グラウンド内への影響は計り知れない。大歓声の効果は抜群だった。声援が佐賀北ナインを後押しし、審判までも味方につけてしまった。どちらの試合も、百崎監督も認める微妙な判定が勝敗の行方を左右したが、それもスタンドの大声援があったから。佐賀北ナインを応援したいと思わせる何かがあったからこそ、全ては生まれた。

　思わず知らず応援したくなるチーム――。

　百崎監督がこんなチームを目指すようになったのは、部員が13人しかいない神埼を率いていたときのことだった。

「中学時代に野球経験があるといっても、控えだった子ばかり。力がなく、1回戦ボーイでした。僕自身も『これじゃ勝てない』と言い訳にしていることもありました。それで『選手がいないから勝てない』とグチを言っていたんですが、あるとき鳥栖の平野（國隆＝監督）さんに言われたんです。『そんなこと言ったって、プロじゃないんだからいる選手でやるしかないじゃない』と。それがものすごく頭に残ったんです。そうだよな、いる選手でやるしかないなと」

　実際に当時の鳥栖は、好選手こそいたものの、部員が少なく、新チームで臨む秋には18人のベンチ入りに満たないこともあった。それでも九州大会に進出するなど、部員数の少なさを感じさせない活躍を見せていた。

「いる選手たちでやるしかない」

そんな思いでいた百崎監督の目に止まったのが、ゴールデンウィークに見た宮崎の県立校・大宮だった。練習試合会場で自分たちの前に行われていた試合だったが、福岡の強豪私学を相手に大宮はチーム全員で戦っているように映った。

「福岡のチームのほうが、どう見ても体つきもいいし、選手もそろっている。でも、試合は互角なんです。それで宮崎の**ベンチワークを見ていると、一人も座ってないんですね。全員立ち上がって、大声で声援を送り、一つのプレーに拍手をしている。**かたや、監督がしかめっ面して頭ごなしに叱って、ロボットみたいに動いて、つらそうに修行僧みたいにやっている。ネット裏で、どっちのチームを応援するでもなく見ていたのに、気づいたら宮崎のほうを応援していたんです。そのときに、これだな！　と。野球ってそういうものだよなと思いましたね。

ひいきのチームを応援するなら別ですけど、**好きで野球を見に行ってたら、一生懸命やってるチームを自然と応援したくなりますよね。元気があったり、全力で走ってたり、笑顔が絶えなかったり、一つのアウトに大喜びしてやってたり……。それを見てから、自分もこんなチームを作ろうと思うようになりました**」

それ以来、神埼のベンチでは座る者がいなくなった。投球練習でストライクが入れば拍手、打者が打席でボールを選べば拍手……。一つ一つのプレーに拍手をして、声援を送るスタイルを作った。

「ピッチャーは座ったりできますけど、ベンチは休むヒマがないんです。彼らはずーっと立ったまま。だからベンチの連中はきついんですよ。『ウチの子は試合に出てもいないのに、家に帰るとものすごくぐったりして死んだように寝てるんです』と心配する父兄もいたぐらい。そのときは、『お母さん、違うんです。ベンチもスタンドも全員で戦ってるんです。試合に出てる子だけじゃなくて、みんなが全力でやっている。だからくたくたになる。むしろ、サポートしてる子がよっぽど疲れるんです』と言って納得してもらいましたけどね」

控え選手たちが全力を出しているのだから、代表として試合に出ている選手が手を抜くことは許されない。レギュラーには常に責任感を持たせた。

「『ベンチがお前たちをこんなに支えてるんだよ』と。試合中に闘志あふれるプレーをしなかったら、ベンチの連中に『お前たち、一切声出すな。あいつらなんか声援しなくていい。黙って点取られとけ』ということもさせました。どれだけ周りの応援や支えが必要なのかをわからせたかったんですね」

ベンチが休まず声援を送り、レギュラーがそれに応える。どんな展開でもその姿勢を続けて明るいムードを作っていくと、不思議なことが起こってきた。

「球場全体のムードが変わっていくんです。そうすると、打球が（野手の）間に落ちたり、逆に相手の打球が正面を突いたり、偶然と思えないようなことが起こる。球運というか、野球の神様まで味方してくれることになるなぁと試合のたびに体験していきました。

自分たちの流れのときに明るく元気なのはどこでもできますけど、劣勢のときに点を取られても、うまくいかなくても、ミスをしても、チャンスを逃しても、そういう気持ちでいると、やっぱり展開も全然違ってくるんです。窮地を脱したり、またチャンスが訪れたりする」

負けているときにベンチが沈んでいては、一生流れは巡ってこない。悪いムードのときこそベンチの出番。ベンチで流れを持ってくるのだ。そういう気持ちでいると、ピンチでもプラス材料を探すようになる。「このピンチを乗り切ったらこっちに流れが来るからな」というような声も出る。あきらめず、前向きな気持ちを維持することができる。

「ボールになっても、ヒットを打たれても拍手をする。相手からすると『何で?』となるわけです。いいプレーやチャンスを生かしたときに拍手や笑顔が出るのはわかるのに、『おかしい、不思議だな』と怪訝《けげん》な顔をしている。そのうちに向こうがミスをしたり、思うようにチャンスをつかめなかったりすると、怒鳴ったり、暗くなってくるんです。それで、ますますこっちはいいムードになって、流れまで来たりするんですね」

そこまで徹底していると、やる意味や価値が出てくる。

「**仮にそれで負けても、全力でやりきったという満足感が次に生きていくんですね。**『勝った、負けただけで一喜一憂するんじゃない。勝った、負けただけだと、最後は全部負けるよ』と。(トーナメントでは)最後には1チームしか残らない。どうかすると負けるためにやっているんだから、勝ち負けだけ追ってもしょうがない。それぞれが、チームの勝利に貢献するためにできることをやろうと言い続けました」

そんなチーム作りを心がけ、率いて3年目の96年夏に神埼は佐賀県大会ベスト4進出を果たす。7年目となる00年の秋には県大会初優勝し、九州大会では寺原隼人（横浜）のいた優勝候補筆頭の日南学園（宮崎）までも破って準優勝。初めての甲子園出場を果たした。翌01年夏も佐賀を制して春夏連続出場。ムードを作り、運を呼ぶことで結果までもついてきた。

そして、同じようなスタイルを貫いた佐賀北でも勝利の女神が振り向いてくれた。あの帝京戦。市丸大介キャプテンが「大差で負けないようにと思っていた」という大横綱相手に金星を挙げられたのも、一生懸命なプレーが観客の心をとらえたからだ。特待生問題が話題になった直後の大会。試合前から公立校の佐賀北寄りのファンがいたのは事実。そんな雰囲気にもかかわらず、この試合の帝京には内野ゴロで全力疾走を怠っただけでなく、一塁ベースまで到達せずにベンチに帰った選手が3人もいた。ただでさえ、判官贔屓《びいき》のファンが佐賀北の健闘に熱くなるような展開。帝京の選手たちのプレーが、ファンも野球の神様も遠ざけてしまった。当時、市丸はこんなことを言っていた。

「声援はパワーが出ましたね。『何でウチがこんなに応援されるんだ?』というぐらいだったので。監督が『思わず知らず応援されるチームになれ』と言うんですけど、こういうことなんだなと。『野球の神様はボール一つグラウンドに落としていたら、それだけで見放すぞ』と言われていたので、日ごろの生活から、全てを味方にするという意識でやっていたのがよかったんだと思います」

10回表1死二、三塁でのスクイズも、12回表1死一、三塁でのスクイズも判定は微妙だった。だが、審判にそれをアウトといわせるだけの何かが、佐賀北にはあった。

「県内で私学や実業高校に勝つには、これしかなかったんですよね。そういうチームを目指してたんですけど、甲子園であれほどまでのことがあるとは……。あそこまでとは思いませんでした」

当の百崎監督も目を丸くするほどのスタンドの力。どちらかがセーフならば、優勝はもちろん、ベスト4もなかった。

思わず知らず応援されるチーム――。

力で勝負しても勝てない。真っ向勝負をしても勝てない。勝つとしたら、見えない何かの力をもらうしかない。流れを呼び、声援を呼び、運を呼ぶ。弱者の目指すべきはそんなチームだ。

弱者が強者に勝つために その10

思わず知らず応援されるチームを作る

その11

劣勢のときこそベンチの出番。ベンチワークで勝負する

監督の言いたいことはわかる。理屈もわかる。だが、神埼の選手たちが初めから実行できるかといったら難しかった。やろうとしてもできない。気の利いた言葉も出てこない。だから、当初はこのベンチワークも監督命令による強制だった。

「**最初はできませんから強制ですね。**拍手させたり、声を出させたり、誰かにプラスの言葉を大きな声で言わせたり……。僕が一緒に集団に入って、『ヤジはいらない。オレが言うように言え』と実際に言ってみせたりもしました。

『声を出せ』と言うと、『ストライク入れろよ』とか『打たせろよ』と言うヤツがいる。でも、ピッチャーは、入れよう、打たせようと思ってるけど入らないんですよ。そんな声を出して、自分がピッチャーなら励ましになるか？ ということですね。『ナイスボール』とか『ど真ん中でも打ち損じがあるぞ』とか『打っても3割だよ』とか『ヒットならＯＫだ』とか励ます声を出せよと」

やはり、最初からできる子はいない。なぜやるのか、どのようにやるのかを監督自ら示してあげることがチーム改革の一歩になる。

「監督の導きですか？ それは絶対必要ですよね。『勉強しなさい』と言って、子供に立派な部屋と机を与えてもできません。勉強させたかったら、リビングに来させて、テレビを消して、親はそこについて、新聞や本を読んで、勉強させるしかない。習慣をつけるしかないですよね。そうやって、やり方を教える。そういうことをしていたら、中学生、高校生になれば自分で勉強するようになります。『**勉強しなさい』と言ったって、勉強の仕方を教えないとわからないですよね。**

最初はやっぱり、教育じゃないですかね。

よく、**のびのび、自主性といわれますけど、放任と自主性は違う。僕は自主性と管理のほうがイコールに近いと思うんですよ。**ただ、本人たちがやらされてるなと思ったり、周りから見てやらされてると思われたりする雰囲気じゃダメですけど。それでも、本当に自分たちが思い、周りから見て（自分たちで）やってるなというようにするには、まずはやっぱり管理からだと思います。どこの学校でも、監督は『勝てばいいというもんじゃない』とか『野球とはこうなんだ』とか人生訓をたれたりしますよね。そうやって監督の考えを話して、それが浸透していくんじゃないですかね」

初めから目配り、気配りできる高校生などそうはいない。彼らがいろんなことに気づけるように仕向けるのもまた監督の仕事だ。

「**気づきの能力を養わせるのも半ば強制でしょうね。**例えば、練習前に掃除などの環境整備を15分やらせる。そうすると、言われたことしかしないんです。グラウンドの掃除と言われたら、かたまって一部だけやってる。『あそこは？　ここは？　外を歩いている人にはグラウンドはどう見えるんだ？』ということですよね。グラウンドの中はきれいにしていても、フェンス沿いにはゴミが落ちている。『そういう見方しかできなかったら、自分の車をピカピカに磨いて、車の中はきれいにしてるけど、平気で車からタバコを捨てたり、そんな人間になるよ。グラウンドはきれいにしていても、校舎内のごみに気がつかない、または気づいても見て見ぬふりをする人間になるよ』と。逐一そういう話をしてわからせたり、そういうことのできるヤツの話をしますね」

教室でプリントを配るだけでもいろいろなことが見えてくる。自分の分だけ取り、そのまま後ろにまわす者、プリントの数を数え、枚数があることを確認して、欠席者の机の中にプリントを入れてあげる者……。百崎監督はこういった実例を挙げて、選手たちに話をする。

「『こういうやつがいたよ』と言えば、恩着せがましく言わなくても、そのひとことでそうなったりするんです。そういうところに目がいくようになるんですね。

今の子は子供が一人とか二人。親に大事に育てられているから、どの学校でもマジメな子が多い。その半面、親が何でもしてあげてるから目配り、気配りができない子が多いですね。われわれも、気づかせることが必要です」

そういう考えだから、選手たちが自分で考えてやったことに対しては評価をする。

「『先生が不在でしたが、今日はこういう天気でこういうグラウンド状況だったので、このメニューをこう変更しました』というのであれば、二重丸ですよね。それが素晴らしい」

07年の優勝メンバーで、決勝で劇的な満塁本塁打を放った副島浩史は、サードを守る際に、独特の構えをとっていた。左足を一歩、大きく前に出す。本塁に正対するというよりは、ややファウルグランドを向く感じだ。なぜ、そのような構えをするのか。副島にはちゃんと理由があった。

「春ぐらいですかね。（エースの）久保（貴大）に『三塁線を抜かれるのは嫌だ』と言われたんです。それで、三塁線を抜かれないようにするにはどうしたらいいか考えたら、ああなりました。最初は冗談気味でやってみたんですけど、バント処理の前の打球にも対応しやすい。あの構えにして、三遊間の守備範囲は狭くなりましたけど、三塁線と前の打球には強くなりました」
この構えに関して、百崎監督は全く口を挟んでいない。副島が自分で考え、自分でとった行動だった。

「**自分で考えてやればOKなんです。**自分がこういう考えだからというなら、それが少々間違っていようが構いません。ときどき、『何でそうしてるの?』と聞くことがあるんですが、そういうときに『人から言われた』とか、答えられなかったら、烈火のごとく怒ります。『じゃあ、オレが言ったら何でもするのか?』と」

一方で、百崎監督は技術面に関しては強制はしない。ヒントや選択肢を与えてあげるだけだ。

「**『~しなさい』ではなく、『こういうのもあるよ』とアドバイスはします。でも、『先生からはこう言われたけど、自分はこっちがいい』というのならそれでもいいんです。**バッティングなら、どんな構えをしていてもいい。最終的にトップの位置に無駄なくいければいいんです。自分はこう打ちたいのにこうしろと言われたら、その人の前ではそうするでしょうけど、いないところではわかりません。

プロなんかでも、コーチが言ってることを無視すると、『あいつは言うことを聞かない』となりますよね。無視しても認められるのは、イチローみたいに能力があって、結果を出した場合だけ。結果が出ないと『ほら見ろ』となるじゃないですか。でも**僕は、本人が迷ったり、結論が出ないときに『~したらどう?』『~をやってみたらどう?』と言うのが指導者なのかなと思うんです**」

気の利いた言葉が言える、目配り、気配りができる……。人間的な成長や気づく力は強制がなければ生み出しにくい。逆に技術的な部分は本人の考えや気持ちを尊重し、ヒントやアドバイスを送るだけで強制はしない。指導には必要な強制と不必要な強制がある。意識の高い選手が少ない弱者には、絶対に強制は必要。「自主性」の言葉にかまけて待っていても、永遠に選手たちから気づくことはないからだ。だからといって、全て強制ではない。考えて、工夫することで技術は上がってくる。強制の使い分けこそ、弱者のリーダーに求められる条件だ。

弱者が強者に勝つために その12

強制、教育。進むべき方向性、やり方は指導者が自ら手本を示して導くことが必要

その13

明らかな間違いは除き、技術指導に強制はタブー。迷ったときにヒントや選択肢を与えるのが指導者の仕事

準備力――。

弱者が強者に立ち向かうために絶対に必要なものだ。百崎監督は、以前からこれを徹底して磨

いてきた。

「投げるとか打つとか、一人一人の能力で負けてる部分をいくら言ってもしょうがない。チームとして勝つためにはどうしようかと考えたのが、相手より早くできることは先にやろうということだったんです。相手より1歩でも早くグラウンドに入って、1秒でも早くあいさつして、とにかく相手より先にキャッチボールをする。速い球は投げられない、強い打球は打てないかもしれないけど、先にやることはできるだろうと。元気を出すのも、全力疾走をするのもこれと同じ考えです。

そのためにはどうするのか。グラウンドに入る練習からしよう、役割分担をしておこうと。誰と誰は道具の係、キャッチャーはプロテクターをつけておいて、あいさつしたらすぐキャッチボールできるようにしようということですね」

強豪校と対戦するときにありがちなのが、相手のユニフォームや体の大きさ、余裕しゃくしゃくの表情や態度の大きさなどを見て、びびってしまうこと。戦う前から圧倒され、雰囲気に飲み込まれ、気持ちで負けてしまう。それでは勝ち目がない。それなら、自分たちでも上回れる部分を探し、それを相手に見せつけてやればいい。「オレたちも負けてはいない」。そういう姿勢を見せることで、戦いの準備もできてくる。どんなにチームが弱かろうと、百崎監督は常にこれを甲子園レベルに想定しながらやってきた。佐賀東時代の92年夏、部長として甲子園を経験していたこともあり、試合前の段取りや役員の動きなどはわかっていた。

選手たちには、「県大会ならお前たちが準備して、ノッカーが打ち始めてから7分と言うけど、甲子園はそんなことしないよ。甲子園は道具を持っていって、運んで、並べてる間に『○○高校ノック始めてください』と言うよ。相手のノックの終了と同時とか、向こうのペースだよ」と言い続けた。

「甲子園は『まだレガースつけてませんとか、紐といてません』と言ったたって始まる。それで舞い上がるんです。じゃあ、それを練習しようと。そうなると、必然的に普段の練習からきびきびやろうとなります。ダラダラ時間無制限でやってたって、そういうスピードのある野球はできませんから。もちろん、そのための練習もしなきゃいけないので、練習より前に入場の練習、ノックも7分間でこうやるというものをやります」

1日に3～4試合組まれている甲子園はとにかく急かされる。それを想定して練習開始を可能な限り早めた。4時からできるなら4時を厳守。4時5分では許さなかった。

「4時も4時5分も一緒じゃない。4時に始められるなら4時にしなさいと。『ウチのクラスはホームルームで先生の話が長い』というのなら、怒られるかもしれないけどソックスぐらい履いとけよ、他の連中も掃除が早く終わるようにみんなで協力しろよと。

4時から練習だというのに、だらーっと来たりするやつがいるんです。そういうときは僕がパーッと着替えて一番にグラウンドに来る。それで、『お前、オレよりも先に教室出たじゃない。オレは職員室に行って日誌にコメントひとこと書いてきたよ。何でオレより遅いの？　着替えって、何百枚着てるの？　何で座ったまま着替えてるの？　オレは座ったことないよ。何で座ってスパイク履くの？　立ったまま履けよ』と。そう言ったら、座るやつはいなくなりますよね。練習がなかなか始まらないときもそうです。『何で遅いやつに合わせるの？　3人そろったら3人でやれよ。そうしたら他のやつがあわてて来るよ』『何で1年が来るの待ってるの？　お前が一番に来たら道具並べろよ。準備しろよ』と。

プロに行った野中信吾（神埼―日本ハム―横浜）なんかは、遠征でも、甲子園に行っても、一番早く部屋から下りてきて荷物を運んでました。バスが到着しそうになると、僕が言う前に『降りたら時間ないからさっさとやれよ』とか言うんです。普段はものをいわないのに、野球に関しては全部そういうことができていた。そういう話をしたりもします。

弱いチームって、練習でできて試合でできないんです。練習ではリラックスしてるけど、試合になると緊張する。それは、練習が練習になってしまっているから。だから、練習では緊張感を持たせます。厳しい言葉も言いますし、追い込んで試合のつもりでやります。試合が始まったら発表の場だからミスしようが、何しようが構わない。負けたらそれだけだったということですから。

その代わり、練習では試合でいかに力を発揮させるかを訓練する。それと同時に、**甲子園はこうだよ、県大会はこうだよとイメージさせる。『こんなことで注意されるよ。だから、こういうことをきちっとしとかなきゃいけないよ』と。話せばイメージができます。そうすれば、試合で『百崎が言った通りだ』となる。緊張するより、イメージした通りだとなるんです。甲子園を狙うど**

ころか、1回戦で負けてる弱いチームであっても、こっちが知りうる限りの知識を使って甲子園の話をしてました。

選手がそろわないと勝てないというのでは、監督の仕事は選手を集めるまででおしまいですよね。それじゃあ、情けない。『あそこを倒したら新聞にどれだけ大きく載るかわかるか？　友だちも絶対勝てると思ってないよ。びっくりするだろう。ひと泡吹かせてやろうよ』という感じで普段から話をしましたね」

全国レベルに合わせていれば、県大会レベルでこなすのはたやすい。常にトップをイメージしていれば、そうでないものを見たときにたいしたことがないと思える。きびきびした動きは練習をスムーズに効率よくできることにつながる。甲子園を想定することは、慌てず、自分たちのペースでやれること以上にプラスアルファも多かった。そんな練習を毎日続けてきた選手たちだから、グラウンドで強豪校を見てもひるむことはなくなった。

試合で考えられることは全てシミュレーションをし、準備しておく。細かい部分までとことん準備をしているから、試合では普段と同じようにすればいい。「練習通りやろう」「いつも通りやろう」というのは、そこまで突き詰めて準備をしたチームだからこそ言える言葉。逆にいえば、そこまでの準備をしていないチームに「いつも通り」と言う資格などない。弱者こそ、準備が大切。全国レベルを見据えて、考えられる限りのシミュレーションを行う。全ては想定内、イメージ通り。そこまで持っていってこそ、強者と戦える自信や資格が得られる。

準備こそ全て——。
弱者はこれを肝に銘じておきたい。

弱者が強者に勝つために その14

先手必勝。すべて相手より先んじる

その15

甲子園のスピードに戸惑わない時間感覚を身につける

その16

甲子園をイメージしたシミュレーションですべて想定内と思える準備をする

ちなみに、時間と戦う練習は、別の力を生むことにもなった。目配り、気配りする能力を育てることにつながったのだ。例えば、グラウンドに入場するシミュレーションをするとする。その際、百崎監督と選手の間ではこんなやりとりが交わされる。

「自分のヘルメットとバットは入ってる？」

「1年生がしてます」

「1年生が出るの？　お前が出るんだろ？　入ってなかったらどうするの？　1年に文句言うの？　負けたらどうするの？」

何かあれば、百崎監督から矢継ぎ早に質問が飛ぶ。監督に何も言われないよう完璧にやるのが選手たちの仕事だ。

「**人数が少ないうちはいいけど、多くなってきたら誰かがやると思ってやらなくなる。それなら、みんながやればいいんです。道具係は誰とか関係なく、自分で確認する。みんなが確認、確認、確認すればいい。そういうことをしょっちゅう言ってると、誰かがしてますよね。慣れてきたら、自然とできるようになって、他のことにも目がいくようになります。**それが教育なんでしょうけどね。させられてるのではなく、自分たちでする。統制がとれていて、監督の言いなりになってるけど、一歩校舎の裏に行ったらあいさつもしないというのでは困ります。あくまで、自分たちでやっているという域。最終的には、教室でも目配り、気配りができて、担任から『野球部は応援したくなる』と言ってもらったり、いろんな人から『みんな積極的ですね。自分でやりますね』と言われたら、指導者としてニンマリですよね。やっぱり、そういう雰囲気になるには、自主性をいつまでも待っていても生まれないと思います」

弱者が強者に勝つために その17

人任せにしない。常に確認する習慣が目配り力、気配り力を育てる

野球の試合において、投手の占める割合は7～8割だと言われる。投手が最高の投球をすれば、どんな打者でも打つことが難しいからだ。〝打撃は水物〟と言われるゆえんでもある。だからといって、140キロを投げるような好投手でなければいけないかというと、そんなことはない。事実、佐賀北にはそこまでの投手はいなかった。先発を務めた馬場将史は左の軟投派。サイドからの直球は120キロ台中盤で、スライダーとチェンジアップ系のフォークを操る。エースナンバーを背負ったリリーフの久保貴広はオーソドックスな右の上手投げ。最速でも130キロ台後半で、典型的なスライダー投手だ。走者がいなくてもセットポジションから投球するなど、制球重視を自覚してもいた。

両投手とも、驚くような球は持っていない。だが、二人には驚くべき能力があった。外角低めに愚直なまでに集められる制球力と精神力だ。再試合を含む7試合すべて、色気を出さずに丁寧に投げ続け、決して大量点を許さなかった。馬場は36イニングを投げ、防御率2・00。37イニング2失点の久保は、なんと決勝の7回に失点するまで34イニング3分の1を連続無失点。佐賀県

大会から通算すると56イニング無失点だった。金属バットのうえ、打撃の技術が向上している今の時代に、１４０キロの出ない右投手がこれだけ得点を許さないのは驚異のひと言。それもすべて、外角低めに投げ続けられたからこそだった。百崎監督は言う。

「**弱いと思ったら、そこを徹底して突けばいいんです。**裏をかいてとかではなく、アウトローならアウトロー、変化球に弱ければ変化球。それで打たれたらしょうがないですよね。そういう考えで最後に行き着くのがアウトロー一辺倒。あの球、この球を練習するより、まずはそこに投げられる練習をする」

いろいろな球種をコーナーぎりぎりに投げられれば最高だが、それはなかなか難しい。それならば、できることを確実に、精度を高めていくほうが得策だ。

「久保はもともとアウトローにきちっと投げられる子でした。ところが、インコースはどうしても甘くなる。人がいいのか、えぐるようなボールがなかなか投げられませんでした。インコースにいくと、ど真ん中に入ってよく打たれてましたね。

アウトコースにまっすぐと変化球を混ぜるのが彼の投球。もっと四隅を幅広く使えればいいと思ってましたけど、吉冨（壽泰）部長は『アウトローにきちっと出し入れすれば通用する』と。そんなに球威はないですけど、そのへんに投げられるコントロールは持っていました。2年の夏まではスライダーも曲がらなかったのが、秋ごろからスライダーも曲がるようになった。そうなると、まっすぐとスライダーでもある程度一級品のチームも抑えられる。9回は無理でも、５〜

6回は投げられるなという感じはありました」

投手の基本である外角への制球力。これがあることである程度の計算が立つ。それとともに、久保にはもう一つ長けていたものがあった。

「精神力ですね。打たれ強かったじゃないですか。予選から打たれてるんです。でも、最後、得点までには至らない。それはやっぱり精神的なものが大きいでしょう。練習でも、彼はひたすら走っているんです。アメリカンノックを4班でやったら、4班とも全部入る。『もういい加減、肉離れを起こすから無理するな』と言っても、足をひきずりながらでもやるんです。決して体にはプラスではないでしょうけど、そういうことをすることによって、自分に対しての戒めじゃないですけど、心の弱さや大会で一番大事なところで打たれたというエースとしてのふがいなさを払拭するというかね。**自分にムチ打つようにして走ってました。そういうことの積み重ねで、精神的にも少々のことでは動じなくなった。修羅場をくぐってきてるから、ランナーが出ても、打たれてもびくともしないですよね**」

もちろん、内角に投げる練習をしなかったわけではない。練習試合では、全て内角で勝負する投球も試した。だが、結果はめった打ち。自分が抑えるには外角低めに投げるしかないとわきまえたうえでの投球でもあった。外角低めに投げることと走ること。これが、久保が確実にやりきれる最大限のことだった。

「バックがしっかり久保の投球パターンを頭に入れてるからミスが少なかったんでしょう。そこに投げられるから、守れる。1、2年生のときに、先発でいきなり3失点、4失点して試合を決めさせてしまったり、9回2死から逆転されたりということを経験してきている。自分の責任、能力のなさを感じて、それを克服するためにどうしたかというとひたすら走ることなんです。気づいたら走っている。ピッチャーとはいえ、バッティングとか他の練習もしたいですよね。走るのは楽しくないじゃないですか。筋トレや科学的なトレーニングだってたくさんあるはずですけど、彼は走るんです。朴訥《ぼくとつ》に『自分は自分の投球をする。それで打たれたらしょうがない』というのが、練習のときからあったのかなという気がしますね」

一方の馬場も、投手としてずば抜けた能力があったわけではない。むしろ、投手としても登板できるかどうかの危機にあった。「164センチ、63キロと小柄な馬場は「3年間でベンチに入れるかどうか」（百崎監督）という平凡な外野手。投手経験は中学のときに投げたことがあるという程度だったが、左だから投げさせてみようという理由で投手に転向した。当初はストレートとカーブだけの普通の左投手。左投げにもかかわらず、左打者を苦手にする。歩かせたり、打たれたりということも多かった。これではどうにもならないということで、腕を下げてサイドにしたのが3年生の4月だった。

「牽制《けんせい》のときはサイドハンドみたいに横回転で投げてたんです。それで『サイドから投げてみろよ。牽制と同じように投げてみろ』と。背もないし、いつかはと思ってましたけどね。そうしたら、手投げみたいだけど力みがなく、バッターからすると伸びてくるようなボールを投げる。それでいいよと」

翌日の練習試合でさっそく登板。久保がノックアウトされた第1試合の日南学園戦で最後の2イニングを完璧に抑えると、続く2試合目では自由ケ丘（福岡）を相手に5安打1失点で完投。自責点ゼロの快投だった。

「1日で別人みたいになりました。投げ方がハマったんでしょうね。じゃあ、横から投げたらみんなよくなるのかといってもそうじゃない。たまたま、資質に投げ方が合っていた」

このころにはスライダーを覚えていたこともあり、左打者に対してはある程度の自信を持って投げられた。問題は右打者に対してだった。

「横から投げるから左バッターは嫌ですよね。スライダーで腰を引いたりしますから。でも、まっすぐとスライダーだけでは右のいいバッターは抑えられない。どうしても外に逃げるボールがほしかった。吉冨部長がいろいろ教えた中で、フォークが一番投げやすいと。挟むといってもスプリット系でしょうけど、うまく外にシンカー気味に沈んでいた。ストレートの腕の振りで沈むからいいボールになりましたね」

この球をマスターしたことで、馬場が外角低めに投げられる球種が複数になった。左打者にはスライダー、右打者にはフォーク。左右どちらの打者に対してもストレート以外の球種で外角低めに投げられるようになったことが、馬場が結果を残せた要因だった。

そんな外角攻めの真骨頂だったのが、帝京戦。杉谷拳士（日本ハム）、中村晃（ソフトバンク）と、のちにプロ入りする打者二人を擁し、帝京打線の東東京大会のチーム打率は3割1分3厘。6試合で5本塁打と破壊力満点だった。甲子園でも初戦の駒大岩見沢（北海道）戦で13安打7点、2回戦の神村学園（鹿児島）戦で13安打9点、3回戦の智弁学園（奈良）戦で10安打6点と強打を発揮。3試合で三振はわずか1だった。そんな帝京打線を佐賀北投手陣がどう抑えるか。バッテリー指導を任され、データ分析も担当する吉冨部長の指示は「いつも通り」の外角攻めだった。

この試合、帝京打線は8個の三振を記録している。そのうちの6個が外の変化球、一つが外のストレート。中村には全球外角一辺倒が通用せず2二塁打を含む3安打を許したが、杉谷からは久保が外角のスライダーで見逃し、空振りの2三振を奪っている。全21球中、内角へ行ったのは2打席目、馬場が投げたスライダーが逆球となった1球だけだった。

リードする市丸は言っていた。「甲子園はアウトコースが広いので、そこにきっちり投げていればわかっていてもそう簡単には打たれないと思います」。帝京戦に限らず、佐賀北投手陣の外角攻めについて、吉冨部長はこう話す。

「アウトコース低めまでは要求してません。とにかくコースですね。高さまでは要求しない。高さを要求するのはチェンジアップだけです。コースに関しては、そこ（外角）に投げる練習はたくさんさせました。

どのピッチャーも140キロ投げろというと厳しいものがありますけど、ああいうタイプのピッチャーなら作っていける。馬場なんて、決勝は120キロ出てないですもんね。それでも、左バッターに逃げていくスライダーなんかは、やっぱり高校生ではなかなか打てないですね」

ちなみに、久保同様、馬場もメンタル面は安定していた。常にポーカーフェース。開幕試合であろうと決勝戦であろうと、ひょうひょうと投げる。全く力みがなかった。二人とも、7試合を投げる体力があったことは大前提として見逃せないが、安定した投球を支えたのはやはり制球力と波のない精神面。この二つがあったからこそ、外角低めに投げ続けられた。

三冠王三度の大打者・落合博満（中日監督）はこう言っている。

「バッターが一番嫌なのはアウトロー。自分の目から一番遠いストライクゾーンなんだから打ちにくい」

当たり前のことだが、意外と見落としがちな部分でもある。技に走り、あれも、これもと追い求めるよりも、まずはシンプルに基本である外角低めの制球力をつけること。弱者なら、まずこれを目指すべきだ。

弱者が強者に勝つために その18

打者が一番打ちにくいのは外角低め。そこに投げ続けられる制球力、精神力、体力をつける

スペシャリスト――。

強豪校とは違い、弱者に三拍子そろった選手が入ってくることは少ない。というより、ほとんどないといっても過言ではないだろう。その中で、いかに勝負するか。そのためには、短所に目をつぶり、長所で勝負するしかない。

その意味で、佐賀北には何人かのスペシャリストがいた。その代表格が代走の内川聖弥だ。甲子園でもその俊足を遺憾なく発揮した。圧巻だったのは長崎日大戦。2対0で迎えた7回裏、無死から代打で四球を選んだ重松翔の代走として出場すると、次打者の2球目に盗塁。犠打で三進後、一番の辻尭人のレフトフライで本塁に突っ込んだのだ。かなり浅めのフライで、タイミング的には難しいと思われたが、内川はタッチをかいくぐってホームイン。貴重な追加点をもたらした。

「**チームの勝利に貢献するために、自分のできることをやる。**内川なんかそうですよね。自分はこれでいくと決めている。だから1カ所バッティングとか、練習のときからそういう練習をしてますよ。無謀なホームスチールとか、キャッチャーがピッチャーに返す間に行くとか、一つのベースだけじゃなく二つ行くとか、挟まれたときにどうやってくぐり抜けるかとか、自分で真剣にやってるわけですよ。普段からそういうことをしてると、あいつを代走に出したら必ずホームにかえってくるっていうのが定着してくるんですよね。ほらやっぱり、あいつが出たら走ってかきまわしてくるんだよなって」

代走のスペシャリストとして試合に出る以上、走るのが仕事。相手が警戒していようが走るし、多少厳しそうなタイミングであろうと走る。走るために試合に出ているのだから、普通の走者と同じでは困るのだ。だから、あのタッチアップを見て、佐賀北ベンチで驚く者は一人もいなかった。

「当然ですね。フォアボールでランナーが出て、ピッチャーが左から右に代わった（四球後に投手交代）。左のままだったとしてもそうですけど、代走に出したということは走りなさいということ。それも2球目までに走りなさいですね。バッターは2球目（2ストライク）までしか待てないですから」

内川の盗塁と犠打で理想的な1死三塁ができた。本来ならここでスクイズ、なのだが、辻の2球目に仕掛けたスクイズはファウル。ここで百崎監督は作戦を「打て」に変更した。

「相手もうまくて、雰囲気的にここは失敗するなと。作戦的には窮地ですよね。打たせるしかない状況ですから。あとはバッターがうまく犠牲フライを打って、ランナーがうまくかいくぐってくるしかないという状況。フライも非常に浅かったですから、普通の野手だったら止まって次の2番に期待でしょう。

でも、**内川を出した時点で、あいつはホームにかえってくる、あいつを出したら、あいつがホームを踏むんだよというのがチームの中に浸透している。そういうムードがあるんです。**あいつだったら、ピッチャーゴロでも戻ってくるはず。アウト、セーフは別にしても、自分はアウトになっても後ろのランナーをサードに持ってくるとか、何かしらのことはしたはずです。だから、**あの走塁を無謀とはチームメイトも誰一人思わなかったと思います。たとえアウトだったとしても、全然問題ないですね**」

チーム内でそれだけの信頼を得ているから、根拠があるからここはGOなのだ。逆に言えば、普段から認められるだけの努力や工夫をしているということでもある。自分の特長、役割をわかっているからできることだ。

実は、サードコーチャーの野中将司もスペシャリストの一人だった。だが、野中の場合はすんなりとそのポジションに収まったわけではない。3年生の春までは、投手として試合で投げるチャンスをうかがっていた。

「僕たちは（投手としての）能力を見切ってる。コーチャーとしての能力はあるから、それを徹底させたいんだけど、まだ本人には未練があるという状況でした」

そこで、百崎監督は手を打った。5月の試合でいきなり先発させたのだ。しかも、先頭打者に四球を与えるとすぐさま交代を命じた。

「彼は出るとしたらつなぎのピッチャー。打者一人限定みたいなピッチャーなんです。それがいきなりフォアボールですから。『もうこれで終わりだよ』と。本人は納得してませんよ。もっと投げられると思ってる。だけど、われわれとしては、その一人だけ。やっぱり結果はこうだよなと。今までもそうだったんだから『もうピッチャーはダメ、コーチャーに専念しろ』ということ。もちろん、最初は競争させますけど、最終学年の4月以降になってある程度見えてきたら、『お前はこれに徹しなさい』ということもします」

だが、コーチャーに専念したあとの野中の働きは見事だった。春の大会以後の公式戦は、佐賀市長杯、NHK杯、そして夏の佐賀県大会、甲子園と負けなしだったが、野中の判断ミスはゼロ。勝利の陰の立役者だった。

「コーチャーも専門職ですから、こっちも任せる以上はこいつしかいないと思いました。それぐらい信頼しましたね。任せてからは、一度も何であそこで回したの？　止めたの？　ということがなかった。一つもミスがない。全て正解。スペシャリストですよね。ただ、春（の県大会、3～4月）だったらあそこまでできてなかったでしょうね。まだコーチャー兼ピッチャーでしたから」

この他、佐賀北にはベンチワーク専門でベンチ入りする選手もいる。県大会ベンチ入り20人のうち18人を選手間投票で選ぶが、そのうちの一人は「頑張っている人、尊敬できる人」という理由で選ばれた選手。野球の技術とは関係なく、その得票が一番なら無条件でベンチ入りが決まる。

「生徒たちは僕たちが見てるものとは違う部分を見てますよね。教室とか勉強とか、嫌な顔一つせず人のためになることをしてるとか、朝早く来て道具の手入れをしてるとか、陰で努力してるとか。そういう理由で入った子はベンチワークができます。

誰より声を出して、目配り気配りができて、勝利に貢献できるムード作りができる。試合には出ないけど、元気で誰より明るい。控えなのに中心選手にも緩慢なプレーや気を抜いたプレーを叱ることができる。神埼のときは2年で選ばれた子もいました」

スペシャリストにはスペシャリストの責任がある。スペシャリストとしてベンチ入りする以上、普段の練習や練習試合からその準備が試される。

「『お前はバッティング練習やらなくていいよ。出番ないんだから』って言うこともあります。『お前はベンチ入りで選ばれてるんだから、とにかくその仕事をしてくれ』と。『ピッチャーがランナーで走ってるのに誰もグローブを持っていかない、お茶を持っていかない、そういうのをちゃんと指示してくれよ』とか『ベンチが沈んでるよ。お前声出してくれよ。お前その仕事なんだよ』とか。その代わり、そういうのをちゃんと立てるように、（他の選手の前で）『あいつがこうしてくれたから』というのは言いますけどね」

ある意味、非情な部分もあるかもしれない。だが、スペシャリストとして結果を出すためには、その分野に特別秀でていなければいけない。だからこそ、あえて百崎監督は厳しく接するのだ。裏を返せば、そこまでしないとスペシャリストは生まれにくいということ。それだけ準備が必要であり、チームメイトからの信頼も必要だということだ。

「こうなったらお前しかいないよということです。こいつが出たらオレの番だ、あいつがケガしたらオレの出番だと、こっちが言う前から準備している。そういう関係になってますね」

最終的には、そこまでにならないといけない。そこまでできてこそ、本物だ。弱者にとって、スペシャリストは不可欠。そして、スペシャリスト養成に必要なのは徹底。その環境を作るのもまた、指導者の役割だ。

弱者が強者に勝つために その19

長所を見つけ出し、スペシャリストを養成する

弱者が強者に勝つために その20

スペシャリストは持ち味を自覚し、練習から周りを納得させる準備をする。試合では求められた役割を100パーセントやりきる

主役、わき役、裏方――。

スペシャリスト同様、他の選手たちも一人一人が自分の役割を心得ていなければいけない。自己中心的な考えで、自分のやりたいようにプレーする選手がいては、チームは成り立たないからだ。百崎監督はそこを明確にし、その役割に撤することを求めた。

「神埼のときに日誌にこう書いてきた子がいたんです。『中学では4番だったのに、2番を打たされてバントばっかりさせられる。あいつは0―3からでも打たせてもらって、自分は1―2からでもウェーティングのサインが出る。バントミスしたら外されるし、何でだ？』と。だから言いました。『お前は打てないからだよ』って」

その選手に対し、百崎監督はこう説明した。

「打てるなら0—3からでも打たせるよ。お前は打てないからバント。主役、わき役、裏方と一人一人役割がある。全員が4番ならチームは成り立たない。お前は2番打者として接着剤になりなさい。つなぎの役割に徹しなさい。そのほうが相手は嫌なんだよ。それができなければオレは使わない。お前はそういう役割なんだから、できなければ交代だ」

高校生には、しばしば自分の実力を過信している選手がいる。中学時代の〝過去の栄光〟のイメージを捨てきれない選手もいる。そういう選手に、自分の役割を理解させていく。

「そういうことをくり返していくと、しまいにはこっちが打てと言ってるのに、相手をかきまわすようになるんです。その喜び、楽しさがわかるんでしょうね。自分のバント一つで流れが変わるというか、試合が動くのがわかってくるんですね。

相手はバントしてくるってわかってる。そういう完全マークの中で飛びついてやる、決めることが楽しくなり、喜びになる。相手をイライラさせるとか、自分の役割に徹することが楽しいと、いつのまにかなるんです」

佐賀北で、そんな状態だったのが2番の井手和馬だった。百崎監督は井手にも制限を与えた。主砲の副島は0—3からでもヒッティングだが、井手は1—2からでもウェーティング。打つならセカンド方向にゴロのみと指示したこともある。2アウトからでもセーフティーバントがあるとも伝えていた。

「最初はありましたよ。『何で打っちゃいけないんですか?』って。でも、変わったんです」

そう言って百崎監督が真っ先に例に挙げたのが決勝の広陵戦。8回裏1死満塁でまわってきた打席だった。微妙な判定が話題を呼び、押し出しの四球を選んだ打席だ。

「あの打席でも、僕は『打っていい』と言ってるんですよ。点差がある（0—4）んだから、もう打つしかないんです。フォアボールを選んでくれなんて思ってません。とにかく打ってつないでくれと思ってるんです。

だけども、彼は打たない。**1—3からでも自分でウェーティングです。たぶん、2—3まで打たないと決めてたんでしょう。伸び上がったり、腰をかがめたり、いろんなことをしながら、とにかく何とかボールにしようと工夫してました。**あの打席以外でも、立つ位置を変えたり、構えを考えたりしてましたよ。姑息《こそく》なやり方かもしれませんけど、とにかくつなぎに徹した。そんなことしながら、結果的には、打率はよかった（3割2分）し、（帝京戦のサヨナラ打など）いいところで打ったりしてるんですよね。

思わず知らず応援したくなるチームを作るためにも、一人一人全員が役割を担う。エースが偉いわけじゃないし、4番が偉いわけじゃなくて、一人一人の役割がすべてなんだと。そういうチームを作るのが僕の基本ですね」

自分の役割を理解し、それに徹した井手。それが奇跡の逆転劇の呼び水となった。もちろん、井手以外の選手たちの働きも見逃せない。井手同様に「接着剤」と言われた9番の馬場崎俊也は

7試合で4本のバント安打を決め、主砲の副島は3本塁打を放つ一方でこの大会最多の10四死球を記録。一番の辻も試合数を上回る8四死球を選んでいる。

この大会で佐賀北打線は大会史上最多の48四死球を記録した。1試合平均に直すと5・9個。安打数は54本で1試合平均6・7本だから、ほぼ同数だ。優勝校史上最低打率にもかかわらず勝てたのは、こんなところにも秘密があった。各自が自分の実力を把握し、役割に徹したからこその数字。打てなくても、何とか出塁する。ここでも、身の丈をわきまえたプレーが光った。

弱者が強者に勝つために　その21

主役、わき役、裏方。選手それぞれが自分の役割を自覚し、それを全うする

その22

自分の役割に徹せられない選手は使わない

驚くほど冷静だった。

準々決勝の帝京戦の12回表。佐賀北は絶体絶命のところまで追い込まれていた。1死一、三塁からのスクイズは久保の絶妙なグラブトスで防いだものの、次打者に四球を与えて満塁。打席に

はその年のセンバツで広陵の野村祐輔から満塁本塁打を放っている杉谷翔貴を迎えていた。カウント2―2と追い込んだ5球目の前。捕手の市丸はタイムを要求すると、立ち上がり、足下を丁寧にならした。

12回に入り、打順は6巡目を迎えている。すぐ前にはスクイズによる本塁でのクロスプレーもあった。各選手の足跡などで、ホームベース付近はボコボコだ。投球がワンバウンドになり、そのくぼみにはまったら、球はどこへ跳ねるかわからない。そんなことを考え、少しでも平らになるようにしたのだ。この行動について、市丸はこう言っていた。

「春先ぐらいからやり始めたんです。それまでは、**よくパスボールとかしていて、ふと考えると、イレギュラーしてるんじゃないかと。それでならすようにしたら、パスボールも全然しなくなったんですよね。**それからずっとやっていました」

このあと、市丸は2球続けて左打者の泣きどころでもある内角低めのスライダーを要求。空振り三振に斬って取った。ワンバウンドで捕逸の危険がある球種だったが、周到な準備とそれに支えられた強気でピンチを脱することに成功した。

「市丸は周りを見る冷静さを持っていたと思います。そういう資質はありましたね。ただ、資質はあっても磨かなきゃ一緒なんですよね。**玉も磨かざれば石。教えないと磨かれないんです。**『こういうときはちゃんとならすんだ』というようなことを吉冨部長が言っているんですよね。でも、そうは言ってても、ああいう場面ではやっぱり本人の資質がないとできないんですよ」

市丸について、百崎監督がもう一つ感心したのは2対0とリードした長崎日大戦の5回。先頭打者を死球で出す嫌なパターンだったが、市丸は次打者の初球のバントの構えを見た2球目にピックオフのサインを送った。ファーストをダッシュさせ、投球を外角に外して、一塁ベースカバーのセカンドへ送球。見事に飛び出した一塁走者を刺した。

「その1点でゲームが変わるという窮地を救ったプレーでした。もちろん、こういうランナーで、こういうスキがあったら、こういう牽制をするんだよと教えたのはわれわれです。でも、ああいう場面で出せるかどうかは本人。(スキのある走者だと)わかってもやれというサインは出せないかもしれない。『あの場面でよくやったな』って僕たちが驚きますよね。

習ったことを自分なりに吸収してそこで出すのは本人。単純な話ですけど、教えなければ、磨かなければ玉にならない。ただ、磨くのは指導者だけじゃない。**教えられたことを、より自分で考えていかないと本当の選手にはならない。**だから、いくら教えてもダメなやつはいます。教えればできるけど、教えられてないやつもいる。これは指導者の責任ですけどね」

いずれも、市丸のファインプレー。弱者でもすぐに取り入れられるマネしたいプレーだ。だが、それも玉を磨き続ける指導者なしにはなかったかもしれない。気づかせ屋の指導者と選手本人の資質。それが見事に融合したプレーだった。

弱者が強者に勝つために その23

イレギュラーもエラー。考えられる最大限の準備をする

意図の見えるプレー――。

なぜ、こうするのか。何をしたいのか。それをわかるようにやるのが佐賀北だった。2回戦の宇治山田商（三重）戦（15回引き分けの試合）。2回無死二塁でのこと。投手の久保がモーションに入ると同時に、ファーストの辻が猛然とダッシュ。大きな声も出すことによって打者にプレッシャーをかける。そこで久保は右打者への内角ストレートを投げ、三塁側にダッシュ。自ら駆け下りた三塁前にバントさせ、二塁走者を三塁でアウトにするという狙いだ。

投球する前には、久保が目で牽制をする。ショートの井手は、いかにも牽制があるというそぶりで二塁走者のリードを小さくする。井手の二塁ベースに入るような動きにつられ、二塁走者が二塁ベース寄りに一歩戻るか、体重が二塁ベース寄りに傾いたところで久保が投球する。このプレーには、そんな目に見えない部分も含まれている。

この狙いは見事的中。打者の中野宏康は三塁側に下りてきた久保の前にバントし、二塁走者の西田拓郎は三塁で刺殺。もくろみ通りの結果になった。このプレーについて、ファーストの辻はこう言っていた。

「いつも練習しているプレーです。もし、一塁側にやってきても刺す自信はあります。あれは僕たちが得意にしていること。決まると（気持ちが）乗ってくるし、決まるということはピンチを防ぐこと。ピンチのあとにはチャンスが来ますから」

プレーにかかわる選手全員が意図を理解して動く。だからこそ、成功しやすくなるのだ。百崎監督は言う。

「サードにやりたくない。本当に1点を防ぎたいからこのプレーを選択する。じゃあ、やらせないためにはどうするかということですね。ピッチャーはランナーがリードしたときに投げたらダメ、ファーストのプレスが緩くてもダメ、ストライクが入らないのもダメ。そこは練習してきたことの徹底ですよね。

もちろん、相手が打ってくることもあります。でも、それはしかたがない。両方は防げませんから。それよりも、**一番いけないのはそういう処理をしてるのに、それが緩くてセーフにすること。ちゃんとやらせて殺す。『やろうとしているのはこうなんだ』というのは練習で徹底すればできますよね**」

シフト自体は弱者でも練習すればできる。それよりも大事なのは、なぜこの場面でこのプレーを選択するのか。監督の狙いは何なのか。そのために自分がやるべきことは何なのか。意図を持った動き、プレーこそが成功の確率を高める。弱者は、そこまで学ぶことが必要だ。

弱者が強者に勝つために その24

意図を理解し、意図が明確にわかるプレーを徹底する

シフトを成功させる以前に、練習でやるべきことがある。それは、バント守備。いくら狙い通り三塁側にやらせたとしても、しっかり捕球し、送球できなければ何にもならないからだ。シフトを敷いた実戦練習をやる機会はそう多くはない。佐賀北では、月に何回かやる程度だ。とはいえ、シフトを成功させるために必要な基本を習得するための練習は毎日ある。

佐賀北では、通称〝ポジ別〟と呼ばれるポジション別練習がそれにあたる。走者なし、無死一塁、無死二塁、1死三塁の四つの状況別のバント処理を5分ずつ、合計20分間行う。この練習の優先順位は高く、ほぼ毎日行われる。

ポジ別はあくまで基本練習。走者をつけるわけではなく、淡々と打球処理をくり返す。実戦形式ではないため、問われるのは各自の取り組む姿勢、意識だ。

「ポジ別は毎日20分やってます。やってるけど、ちゃんとやってるかやってないかで差が出てくる。だから、練習試合のときに（バント処理が）できないと烈火のごとく怒ります」

毎日やっているにもかかわらず、できない選手は、ただメニューをこなしているだけのことが多い。送りバントの処理と言っているのに、走者なしでセーフティーバントが正面に来たような

動きをする。それでは、全く練習にならない。何のために毎日時間を費やしているのか。ことの重大さを認識させる意味でも、百崎監督は厳しく注意する。

「**お前は練習のための練習になってるよ。365日、冬場もやってるじゃない。その球が来て殺せないって、お前の練習が遊びになってるんだよ。本気でやってないんだよ。**

お前はランナーを見てない。想定してないんだよ。ただ格好だけして下りてきてるだけ。かたちだけでやってるからキャッチミス、送球ミスをするんだよ。**練習をおろそかにするな。練習で100回できても、本番はミスするんだよ**」

たとえ走者をつけていなくとも、走者を目で牽制し、リードをさせないようにしてクイックで投げることはできる。実際にボールを投げないにしても、本当に投げるかのようにしっかり腕を振るかたちをとったうえで守備体勢に入ることもできる。そこまでして、初めて実戦を想定しているといえるのだ。毎日のくり返しになると惰性でこなしてしまいがちだが、少ない練習時間で最大の効果をあげようと思えば、そこまで意識を高くやることが求められる。

「そういうことから練習で徹底しなければいけない。試合でちゃんとできるやつは、そういうところで真剣にやってるんですよ。久保なんかも、イメージしながらやってたから、動きがスムーズだったと思います」

百崎監督も手放しで褒める久保がその練習の成果を見せたのが帝京戦。10回1死一、三塁、12回1死一、三塁と二度の投前スクイズをいずれもグラブトスで処理して本塁でアウトにした。百崎監督自身「2本目はスロービデオの判定ならセーフだった」と認める通り、どちらとも、微妙なタイミング。少しでも無駄な動きがあれば完全に間に合わなかった。試合後、久保はこうふりかえっていた。

「グラウンドが荒れていたし、イレギュラーがあるかなと思ったので、最後までボールを見て捕りました。あれは毎日練習しているプレー。ぎりぎりのプレーでしたけど、自信はありました」

あの土壇場まできて、「イレギュラーがあるかもしれない」と考えられる。そして、いつも通りやれる。その冷静さは、毎日の練習で積み上げてきた自信があるからこそだった。

練習のための練習はしない——。

当たり前だが、これをどこまで徹底しきれるか。妥協せず、流さずにやれるかどうかが弱者の今後を決めるはずだ。

弱者が強者に勝つために その25

練習のための練習はいらない。本物の練習をして、本番でやりきる自信を得る

試合前の過ごし方——。

弱者ほど、ここを軽視していることが多い。これから試合だというのに、前の試合の3回ぐら

いになって、まだ食事をとっているチームもある。どのようにして試合に臨むのか。極端にいえば、試合が始まる前から試合は始まっている。

その意識の差が顕著に表れたのが、宇治山田商との再試合だった。実はこの試合も、延長15回、3時間5分を戦い抜いた当日の夜から、プレーボールはかかっていた。

引き分けとなった場合は、通常再試合は翌日に行われる。だが、このときは翌々日に3試合日があったため、異例の中1日を挟んでの再試合となった。間の1日をどう過ごすかがカギになってくる。実際、引き分けた試合当日の夜の過ごし方は同じようなものだった。18時に試合が終わったあと、宿舎に帰って、食事をし、風呂に入って就寝。両校ともに宿舎はホテルで大浴場がないため、風呂といっても各自の部屋のユニットバスでシャワーを浴びるだけだ。ただ、この日の佐賀北は、トレーナーの指示により20分間の半身浴をした。浴槽にお湯をため、上半身にタオルを巻いたまま下半身だけ浸かる。普段からやっているわけではないが、長時間ゲームのあとだけに少しでも疲れをとろうと思ったのだ。代打で出場した新川勝政はこう言っていた。

「普通にシャワーを浴びるだけよりは、疲れもとれたと思います」

翌日の過ごし方は対照的だった。佐賀北は通常より30分遅らせて7時起床、7時半に朝食。これに対し、宇治山田商は午前中は完全オフだった。12時の昼食に集合すれば、午前中は何をしてもOK。例えば、5番・サードでフル出場した中野宏康は10時過ぎまで寝ていたし、延長15回に代打出場した広出裕希は9時に起きてコンビニで朝食を買い、洗濯などをして過ごした。

練習も対照的だった。甲子園期間中は各校とも高野連によって2時間の練習が割り当てられるが、佐賀北はアップからダウンまで1時間半程度にとどめた。打撃練習は減らし、ノックは試合前のシートノックと同じ7分間だけ。最も時間を費やしたのは、スピードボールを見る練習。前日の試合で、140キロを超える速球のボール球に手を出し、バントも決まらなかった反省からだった。一方の宇治山田商は、2時間しっかりと体を動かした。守備に自信を持ち、「守備はもうできている」という理由から守備練習は行わず、「引き分けた試合で打てなかったので」（中居誠監督）打撃練習に時間を費やした。

内容もさることながら、両校で最も異なったのが練習開始時間。通常、高野連からは8時半開始の第1試合にあたっているチームは9時から、といったように試合開始時刻と同じ時間帯にグラウンドが割り当てられる。ところが、再試合になり急遽スケジュールに組み込まれたため、佐賀北は11時から、宇治山田商は15時からと差が出てしまった。

12時半過ぎに練習を終えて宿舎に戻った佐賀北は、18時半の夕食まで各自部屋で休養。ここで百崎監督は選手たちにこんな指示を出している。

「昼寝はするな」

翌日は第1試合のため、朝4時半起床。その分、消灯も9時半と早いため、昼間に寝てしまうと夜に寝られない可能性があった。夜ぐっすりと寝て、すっきりと朝を迎えるための指示だった。この休養時間を利用して、選手たちは近くの銭湯に行き、ゆっくり風呂に浸かって疲れを癒やした。希望者のみだったが、「レギュラーはだいたい行っていました」（新川）。

一方の宇治山田商は17時まで練習。宿舎に戻って18時半に夕食をとり、20時半にミーティングをした。どちらも通常より30分開始時間を早めて寝られる状態にはしたが、決まった消灯時間はなし。「早く寝ろよ」という言葉があっただけだった。ちなみに、広出は22時半ごろ就寝。「周りもそれぐらいの時間には寝ていました」（広出）。

午後をゆっくりと休養に充てられた佐賀北と、夕方以降どこかバタバタと過ごさざるを得なかった宇治山田商。この差は大きい。

当日の朝もまた対照的だった。佐賀北は4時半起き。慣れない早さに、「食事中も寝てる感じ」（新川）だったが、球場に向かうバスの中では睡眠禁止令が出た。ちなみに、佐賀北では普段の遠征から徹底しているいつものことだ。これに対し、宇治山田商は5時の朝食に間に合えば何時に起きても構わないというスタイル。球場に向かうバスの中でも「寝てる人が多かった」（広出）。ちなみに、佐賀北は2日前の試合で延長に入った後半に疲れを感じる選手が多かったという理由で、前回は持ち込まなかった栄養補給ゼリーとバナナをベンチに持ち込んだ。

試合は1回戦から登場で3試合目となる佐賀北が、6回以降8点を奪い9対1で大勝。前回は四度失敗した送りバントも失敗ゼロで6個決めた。一方の宇治山田商は、7安打を放ったものの4本は内野安打と前回対戦の経験を生かせず。前の試合で140キロ台を連発した中井大介（巨人）、平生拓也（西濃運輸）の2投手も、疲労からほとんどが130キロ台にとどまった。2回戦から登場で2試合目だった宇治山田商ナインのほうが、動きに精彩を欠いていた。5回までは1対1だっただけに、余計にその差による影響が感じられた。

すべてはこの試合を迎えるまでの過ごし方。選手たちのコンディションが試合を左右した。だが、百崎監督はただ体をケアしたスケジュールで行動させただけではなかった。締めるところは、しっかりと締めていた。

「さすがにウチの選手も疲れきってました。暑くて、バテちゃって。体力がないやつは医務室で点滴を打ったりしてましたし。僕も準備が悪くて、補食を用意してなかった。試合が終わったら食べさせればいい、ぐらいに思ってたんですね。

疲労困憊で再試合はどうかなと思ったら、試合は翌々日。ラッキーですよね。1日でどうやって回復させようか考えました。正直、翌日は練習しなくてもいいと思いました。朝の散歩も30分遅らせましたし、だらーっとさせていいんじゃないかって。そういう監督の気持ちって、すぐに選手に浸透しますよね。こいつら疲れてるだろう、リラックスさせようと思ってるから、彼らも『疲れてる』という顔をしてました。

でも、僕は翌日起きたらシャキッとしてて、疲れがなかった。それより、明日の試合のことを考えてるんです。前の日の試合は後半ミスが出て、勝てた試合を引き分けたと思っていたんですが、1日たったらその悔しさが出てくる。それなのに、選手は『疲れてます』って顔をしてたから『オレは疲れてない』って感情的になりましたよ。前日と豹変してるわけですから、選手は大変ですよね（笑）。
練習では最初に集めて、『疲れてる者は？』と聞いたら、ほとんどが手を挙げた。それで、『もういい。疲れてるやつは試合に出さない』と言いました。そしたら（選手は）ピッとなりましたね。前日は持ち味のバントができてなかった。見たことないぐらい球が速かったこともあって、ボール球をバントしにいってできなかったんですね。今日の練習ではその見極めをしようと。1日でやることは限られてますから、マシンを速くして見極める。見るだけでいいからと。とにかくベルトより下の球を狙う。その確認だけしました。**一番はピリッとさせること。何が疲れてるんだって、ぬるま湯を一掃することでしたね**」

リラックスさせるだけでは、気持ちも緩んでしまう。やはり、起床、就寝をはじめとした生活管理、精神的に緊張感を持たせることは必要だ。もちろん、それは普段から徹底することが必要。佐賀北では、試合に向かうバスでの睡眠禁止が当たり前になっているが、07年の5月にはこんなこともあった。

愛媛・松山への遠征中。朝早かったこともあり、主砲の副島ら3人が行きのバスで寝てしまった。ここで、百崎監督のカミナリが落ちる。3人はグラウンドに入ることを許されず、フェンスの外から応援を余儀なくされた。ちなみに、その日はわざわざ佐賀から副島の親や祖父もやってきていたが、そんなことはお構いなしだ。

「行くときは眠いはずなんですよね。朝4時、5時起きだったりしますから。それでも、眠いはずだけど目を開けとけと。『**戦いに行くのに寝られるのか？ 今日死ぬかもわからんのに寝られるのか？**』って。寝られないですよね。練習試合だから寝てるんです。甲子園なら寝られませんよ。だから、『**普段ペラペラしゃべってリラックスしてたのが、グラウンドに入った途端、ガチガチになったのいっぱい見てきたよ**』といった話を普段からしてるんです。

そのときは、たまたま後ろを見たら副島他何人かが寝ていた。ずっと負けてたのが、市長旗とかで、ようやく勝って自信を得たころだったんです。僕も四六時中、生徒に注意するわけじゃない。疲れてるなと思ったら、わざと見ないふりをしたりもします。もちろん、帰りのバスは寝させます。逆に、寝てないと説教するんですよ。『お前余力残してるな。疲れたら寝るだろ』って。極端な話ですけどね」

秋は佐賀県大会で初戦敗退、春は3回戦敗退。勝てなかったチームが佐賀市長杯を制したことによって生まれたスキ、それも主力選手のスキを百崎監督は見逃さなかった。ちなみに、百崎監督には、こんな技もある。

「ルームミラーを見て寝てるなと思ったら、ブレーキを二度も三度もがっくん、がっくんかけるんです(笑)。そうしたら説教しなくてもわかるんです。そんなことしてたら、誰かが寝始めても、他のやつが『おいっ』って起こすようになりますよね」

敗北は死なり。

そう思えば、戦《いくさ》に向かうときに寝ていられるわけがない。佐賀北ナインは試合に臨む準備とともに、意識も大きく上回っていた。145キロを投げる投手が二人もいた宇治山田商に比べれば、佐賀北は弱者。弱者が強者を上回れる部分は、見えないところにたくさんある。

弱者が強者に勝つために その26

試合前日の過ごし方、宿舎での過ごし方、試合当日の過ごし方などすべてが試合に直結する。見えない部分でこそ強者を上回る

弱いチームには、いいことなんてない。

そんなふうに思ってはいないだろうか。弱者というと、マイナス要因ばかりが目につくが、発想を転換させてみればプラス材料もある。

「**試合に出続けることができる。それが弱いチームの強味じゃないですかね。**弱いチームは部員がいないから、ちょっとうまかったら1年のときからレギュラーで3年間使ったりする。試合に出続けると、だいたい（監督と）あうんの呼吸になります。

1学年20人以上いると、よほどのスーパースターでないと上級生が出るから出られません。そうなると、新チームからの1年間ですから、監督の考えを学ばないうちに終わってしまう。『お前、普段から先輩に言ってるだろう』と言うけど、当事者にならないと聞いてないんですよね。教えてるつもりでも、そいつが選手にならないとダメ。1年のときは単なるお客さんで見てるんです。

だから、イチからまたちゃんと教えなきゃいけない。わかってるだろう、わかってるはずだ、じゃ絶対ダメなんですよね。

体力やいろんな技術、素質で劣る部分は経験値で補えると思うんです。あうんの呼吸で、監督の思うことは全部わかるというところまで3年間で教え込んでいけばいいんですよね」

弱者が強者に勝つために その27

発想の転換。弱者ゆえのプラス面を探す

自分たちが弱者であることを自覚し、弱者としてやるべきことを完璧に近いぐらいやり遂げた。どんなに勝ち進んでも、最後まで身の丈をわきまえ、身の丈通りのことをやり続けた。だからこそ、野球の神様も佐賀北に味方したのだ。優勝は決してミラクルではない。根拠のある必然のこと。佐賀北から学び、弱者らしい身の丈野球を目指そう。

第3章

花巻東の小兵・佐藤涼平外野手が語る

「ファウル打ちの極意」

佐藤涼平

さとう・りょうへい

1991年4月3日生まれ。外野手。155cm、52kg。右投左打。小3の時、磯鶏バッファローズに入団し本格的に野球を始める。宮古河南中では野球部（軟式）に所属。中2の3月には岩手県選抜に選ばれた。花巻東高（岩手）では1年秋からベンチ入りし、2年秋からレギュラーを獲得。高校3年春夏の甲子園に出場し（2009年）、春準優勝、夏4強に貢献した。卒業後は日本体育大に進学。

自分に与えられた役割を全うする――。

自分には何ができて、何ができないのか。チームが勝つために自分は何をしなければならないのか。2009年の甲子園に出場したチームのうち、試合に出ている選手からベンチの選手、スタンドの選手まで、選手個々の意識が最も高かったのが花巻東だった。その中でも、ひときわ輝いたのが2番打者の佐藤涼平。身長155センチと出場選手中最も小柄ながら、ファウルを打つ技術と全力プレーでスタンドを魅了した。佐藤がファウルを打つだけでスタンドから歓声が起きる。一塁まで全力で駆け抜けるだけで拍手が起きる。その存在感は、チームメイトでスーパーエースの菊池雄星（西武）に匹敵するほどだった。

チームの一員として。2番打者として。そして155センチの小兵選手として。佐藤はどのような意識で取り組んでいたのだろうか。また、3年春の小松島（徳島）との練習試合で最高15球粘ったというファウル打ちの方法、技術とは。佐藤本人に解説してもらった。

不安だらけのスタートだった。

岩手県内屈指の88人の野球部員を抱える花巻東にあって、ひときわ目立つ身長155センチの小さな体。軟式出身の自分と硬式で活躍していた選手とのレベルの差や初めての寮生活など、入学前は不安を挙げればきりがなかった。そんな佐藤にとって、転機になったのが入学1カ月後。佐々木洋監督からこの言葉をかけられたときだった。

「お前は身長のことをどう思ってるんだ？　そこまで低いヤツは他にいない。逆に長所じゃないか。身長を生かせるようなプレーヤーになれ」

目の前がパーッと開けたような気がした。

「あれで一気に考え方が変わりましたね。自分でも大丈夫なんだ、監督さんはそういうふうに見てくれてたんだと。それまでは自分の身長は短所としか思っていなかったので」

1年生のうちは練習についていくのがやっとだったが、2年生になりAチームで練習をするようになったことで自分の役割を本格的に考え始めた。

「監督さんもよく言うんですけど、人よりこれだけは負けないというものが二つ、三つあれば、絶対ベンチに入れる。自分の場合は、内外野をきっちり守れること、バントを使った小技、走塁だと思ってました」

中学時代は投手とショートだったが、セカンドもサードも外野も練習した。自信のあったバントはもちろん、50メートル6・3秒の俊足を生かすため走塁も意識して取り組んだ。そして、2年生の秋からセンターのレギュラーを獲得。センバツでは足と得意のバントでチーム一の打率4割2分9厘をマークするなど花巻東に欠かせないバイプレーヤーになった。

入学時は不安ばかりだった佐藤が、なぜ佐々木監督の言葉に導かれ不動の2番打者に成長できたのか。さらには、なぜ甲子園で活躍できたのか。その要素はいくつもある。

〈目標設定〉

「人に負けたくないという気持ちがなきゃダメですね。自分も花巻東に入るとき、相当周りの人から『その体じゃ絶対に通用しない。すぐつぶれて帰ってくる』と言われました。だから、今に見とけよ。何も言わせないぐらいになってやると思っていました。練習中も小さいからできないとか、体格を言い訳にしたくなかった。**『絶対負けたくない。こんな身長でもレギュラーになってやる』という気持ちを持って練習してきました。とにかく負けん気が大事。それが最後にボールへの執着心になったりとか、気持ち的な部分で絶対に負けないという闘争心につながったと思います。負けん気があって、自分はここまで頑張ってこれた。人よりもこうなりたいという強い思いがなければ目標も達成できない**と思うので、恥ずかしいかもしれないですけど、自分で高い目標を持って、そこに向かって頑張るという気持ちが大切かなと思います。

花巻東では、目標の大切さをすごく教わりました。自分の場合はそれが県ナンバーワンの嫌がられる打者、そして東北ナンバーワンのセンター、さらに全国を意識するように変わっていきました。目標がないのに練習しても、絶対苦しいだけじゃないですか。目標があるから、苦しいことを乗り越えられたりとか、頑張ろうというきっかけになるんだと思います。

チームでは『岩手から日本一』が目標でした。正直な話、秋（東北大会4強）の段階では日本一というのは雲の上の存在というか、イメージもできませんでした。でも、センバツであと一歩のところまでいって、本当に近づけるんだと。夏は日本一が明確になりました。そのためにはいろんなものを見なきゃいけない。雄星がよく本の話をしますけど、自分は中学まで本を読むのが嫌いでした。でも、監督さんにも『読書をすることで人の成功や失敗を2時間で学べる』と聞いて、雄星に貸してもらって読んだりして、こういう思いでやったから成功した、失敗したと考えられるようになりました。

練習では、数をこなすのも大事ですけど、どういう意識を持ってやるかがもっと大事。何も考えなければ、ただ成功した、失敗したで終わってしまって、そこから深いところまでいけないと思います。これがダメだったから次はこうしようとか、頭を使えば絶対楽しくなってくる。その考えをみんなと交換しあうことで話が膨らんで、また面白くなってくる。自分の考えを相手に伝える、相手の考えを自分に取り入れるというのはチームとして大事。そこでまたチームの和もできると思います。練習に対する意識を考えても、やっぱり、自分はどうなりたいか、自分たちはどうなりたいか、目標が決まってないとダメだと思いますね」

〈身長155センチについて〉

「3年間の目標として監督さんから言われたのは『身長を伸ばさないこと』。そのとおり、1センチも伸ばさずやり通してきました（笑）。今までは大きくなりたい、大きくなりたいというばかりだったので、伸びなくていいんだと思ったら、じゃあ簡単だと。

極端な話、**全国を探してもいないぐらいの身長じゃないですか。ピッチャーは投げづらいと思いますし、プラスだと思います。それに、大きい人が目立つ半面、自分のような小さい人でも目立つわけですよね。**そういった意味で気にされる。だから、『こいつを塁に出すと面倒くさいな』と思われるようになれば、目立つ意味もあるなと。

あとは中学生のとき軟式の県選抜に選んでもらったんですけど、そのときに指導してくれた柴田（護）先生（盛岡三高監督）に、『お前は体の部分で人と違うものを持ってるんだから、自分と同じように体の小さい子に勇気を与えるプレーヤーになれ』と言われたんです。入学してから監督さんにも言われたんですけど、そう言われてからは、自分でもできるんだということを周りに見せたいと思っていました」

155センチの身長とファウル打ちのおかげで、甲子園では佐藤涼平といえば有名人。スタンドからの拍手はひときわ大きかった。

「たかがファウル1球打っただけでスタンドが沸いたりとか、拍手をもらったりするというのは感じていました。拍手をもらえることは、チームにとっていい流れになるなと思いました」

その佐藤に対する拍手が大きく試合に影響したのが夏の準々決勝の明豊（大分）戦だった。10回表1死一塁から佐藤は送りバントを決めて一塁へ全力疾走。ベースに駆け込んだときに明豊のセカンド・砂川哲平と激突し、転倒した。砂川の肩に佐藤の顔面がぶつかり、起き上がることができない。担架で医務室に運ばれ、10回表の攻撃終了後もしばらく治療のために中断。佐藤の犠打が功を奏し、花巻東が1点を勝ち越したものの、甲子園になんともいえない空気が流れた。佐々木監督が本部に呼ばれ、三塁側ベンチから様子を見に一塁側の医務室へ走る。と、そのときだった。佐藤が笑顔でグランドに姿を現したのだ。

ベンチ前で帽子とグラブを受け取り、笑顔と全力疾走でセンターの守備位置へ。その瞬間、甲子園球場全体から割れんばかりの大歓声と拍手が沸き起こった。そのときの状況を佐々木監督はこうふり返る。

「涼平が笑顔で出た瞬間に、球場全体がぶわーってなったんです。鳥肌がたちました。あのときは敵味方がなかった。ファンの人はすごいと思いましたね。どっちが勝っているか、負けているかというよりも、激闘の試合をしている中で、よく戻ってきてくれたという感じでしたから。ウチのほうのスタンドから拍手が起きたのもうれしかったですけど、それ以上に一塁側の方までぶわーっとなってくれて。『甲子園に魔物がいる』とはずっと聞いてたんですけど、それまでは『そんなものはいない』と思ってたんです。でも、あのときは『魔物がいるとしたらこれしかない』と思いました。表に点を取っても、また取られるんじゃないかというのが頭の中にある展開でしたけど、あの歓声を聞いた瞬間、このゲームは勝ったと確信しましたね」

他の選手でも、もちろん歓声は起きていただろう。だが、あれほどまでの大歓声だったかどうかは疑問だ。155センチと人一倍小さな佐藤の全力プレーだったからこそ、痛みを感じさせないさわやかで一生懸命な姿だったからこそ、佐々木監督が「魔物」と表現するまでの大声援が起こったのだ。

「（雄星が降板して総力戦となり）外野の控えもみんな出ていたし、自分が抜けて迷惑をかけるわけにはいきませんでした。センターのレギュラーとしての責任です。頭が痛くても、フラフラでも、何でも出るつもりでした。声援は本当にあたたかくてうれしかった。実はまだ頭がボーっとしていたので。甲子園でプレーする喜びを感じました」

身長が短所——。

それは自分が決めつけていただけだった。実力があったことは大前提としても、155センチだからこそ注目され、人気を集めたのは間違いない。発想を転換し、考え方を変えたことで、短所は長所に変わった。だからこそ、今は胸を張ってこう言える。

「身長が伸びなくてよかったです」

まさに発想の転換。プラス面を探したことで、佐藤涼平は全国の小柄な球児に夢を与え、個性を生かすお手本になった。

〈バントについて〉

「バントはもともと練習しなくてもできると思えるぐらい自信がありました。（3年生の）春まではノーマークだったのでやりやすかったんですけど、センバツが終わってからは『これ、ひどすぎだろ』というぐらい相手の守備位置が極端になった。そこで、どうすればいいか考えました。

自分はバントのサインでもヒッティングの構えからやるんです。最初からバントだと思われたくないので。監督さんにも（構え方は）どっちでもいいと言われてました。バントをやるときは、まずやってから（走る）というのが最低限ですね。あとは、野手の動きを見ながら意識的にここのコースにやろうとか考えます」

送りバントのケースはもちろん、どんな状況であっても初回の打席で佐藤は必ずバントの構えを見せる。それは、もちろん意味があってのことだ。

「それで野手がどれぐらい自分を警戒しているのか、ピッチャーがどれぐらいマウンドを降りてきて気にしているかとか全部見るんです」

バントの構えで見送ったあとは、必ず打席から出て打席の周りを小走りでぐるっと一周する。何気ない行動のように映るが、これにも意味がある。

「**なぜやるかといったら、自分が野手の動きを見ていると思われたくないからなんです。**走りながらサードを見て、ショートを見て、ピッチャーを見て、セカンドを見て、『よし、わかった』と毎回打席に入るようにしているんです」

はじめに確認したあともカウントによってもう一度やる。2打席目以降でも再確認のためにやることもある。

「2ストライクまで打たないと決めているときはもう1回やって、そのときのダッシュを見て、『初球よりも甘いな』とか『疲れてきてダッシュしないな』とか『セカンドは全然カバーに動いていないな』とか、どこにスキができるかを見るようにしています。もちろん1打席1打席勝負なんですけど、一番大事なときに結果を残すために1打席目である程度感覚をつかまないとダメなんで。ファーストの守備がいいのにファースト前にやってゲッツーとか最悪じゃないですか。監督さんからも『弱点を突かないといけない』と言われていましたから」

弱者が強者に勝つために　その28

相手に気づかれないよう常に観察し、弱点を突く

〈走塁（盗塁）について〉

「監督さんに『フォアボールもヒットだよ。盗塁でツーベースだよ。ホームまで盗塁したらホームランだよ』と言われて、そういう考え方かと。レギュラーの中では特別足が速いほうではなかったので、走塁はかなり意識して練習しました。練習をするときは、みんなが（一本走って）戻ってきているときに、急いで戻って数多くこなしました。あと、練習では通常のベースとその後ろにベースを置いて同時に2カ所でやるんですが、見える角度が変わってしまうので通常のベース位置でやるようにしました。

練習試合では『アウトでもいいから走れ』と言われていました。走らないで怒られることもあっ

たほどです。タイミングがつかめなくて走れなかったら、『なんで走らないんだ？　アウトになってもいいからタイミングをつかめ』と。逆に、カウント0—2とか1—2とか、明らかに真っすぐが来る状況なのに走ってしまって怒られたこともありました。なので、練習試合でも個人の理由ではなくて、チームのこと、打者の心理、野手の心理、自分の心理など総合的に考えながらやるようにしていましたね」

夏の甲子園ではこんなこともあった。2回戦の横浜隼人（神奈川）戦。初回1死から四球で出ると、3番の川村悠真に対する2球目に盗塁。相手投手は左腕の飯田将太だったが、モーションを完全に盗み、悠々と二塁を奪った。

「**牽制《けんせい》が2球続いたので、3球はないだろうと。カンです**（笑）。でも、飯田は上の試合で投げていないし、大舞台で緊張していると思った。スコアリングポジションで中軸にまわしたかったので」

飯田は神奈川大会でわずか1試合、2回3分の1しか投げていないことから余裕がないと判断、牽制は続いても2球までと読みきっての盗塁。結果的にこの盗塁が効き、猿川拓朗の適時打で先制のホームを踏んだ。

「（投手を）観察するのは好きです。中学から走らなきゃいけない役割だったので」

思い切りのよさと読みで成功した頭脳的な盗塁だった。

弱者が強者に勝つために その29

読みを働かせ、思い切ってプレーする

〈2番打者として〉

「監督さんは1、2番は打率より出塁率にこだわっているんです。上位で点を取るのがパターンですけど、塁に出ないと始まらないので。出塁率のことはかなり言われました。それと、出塁したあとにいかに点に絡めるか。いかにホームにかえって来るか。練習試合から、盗塁や進塁打はもちろん、他の目に見えない働きもかなり評価されました。

意識していたのは相手のピッチャーに嫌がられるようなことをすること。監督さんにいつも言われていたのは『ヒットは期待していない』ということ。『**ヒットは切りかえがすぐできるけど、フォアボール、デッドボールは簡単に切りかえができない**』と。自分もピッチャーをやっていたからわかるんですけど、ヒットを打たれても『あー、打たれた』で終わり。でもフォアボールを出すと『ここで嫌なバッター出したな』とか後を引きながら、盗塁を警戒して、バッターと勝負することになるので考えることが増える。『フォアボールは出しちゃいけなかった』とマイナス思考にもなりますからね。

実は、秋の新チームが始まったときは、そんなに試合に出ていませんでした。監督さんに『役割が全然できていない』と言われても、何が役割かがわかっていなかったんです。でも、よくよく考えてみると、**自分はほめられる内容が周りと違っていました。**ヒットを打っても1回もほめられたことがないのに、2ストライクから3球粘っただけでほめられる。ショートゴロを打ってほめられ、フォアボール、デッドボール、盗塁でほめられる。そのうちにこれが自分の役割なんだとしっかりと認識できたと思います。

自分の役割はバント、守備、声、走塁。打席の中では簡単に三振しないこと。場面にもよりますけど、基本的には2ストライクまで打たない。カウント1―2でも待ちですね。チャンスやノーサインで打てというときしか初球やファーストストライク、セカンドストライクを打ちにいく場面はありません。中学のときは自分が打たないと勝てない状況だったので積極的に打つほうでしたけど、まったく逆になりましたね。

練習試合では（1番の）柏葉（康貴）が出ると、『任せた』というサインがあるんです。基本的に送りバントなんですけど、ただの送りバントでは監督さんは満足しない。二塁に行くのは絶対条件で、究極は二人で1死三塁を作れという感じでした。自分の場合、打つのは基本的に左方向なんですけど、無死二塁のときなどのために引っ張る練習もしていました。カウントによって意識を変えていたんですが、ファーストストライクやセカンドストライク、変化球のときは右方向にゴロを打とうとすると意識的に体が開いてしまうので、ピッチャーの足下ちょっと横ぐらいの意識で打つ。２ストライクだと、引っ張りにいこうとするとボールが見づらくなっちゃうので、方向を問わずゴロを転がそうと。フライを上げるよりもゴロを打つ自信はありましたから。左方向でもボテボテなら進塁打になるので、詰まらせてサードゴロ、ショートゴロを打つこともしていました。

あと心がけていたのは、打線は〝線〟にならないとダメだということ。〝点〟で途切れ途切れになるのはよくない。打順はありますけど、イニングごとに順番は変わる。４番でもイニングの先頭打者なら１番と同じ役割なので、出塁がメインになるじゃないですか。１試合トータルで全部流れとして考えたときに、その場面、場面で何をしなきゃいけないかを考えなきゃいけない。２死二塁で２ストライクまで粘って三振でも意味はないですから。練習試合から試合の中での読みを意識するようにしていました。

２番でよかったと思うのは、バントのサインが出たときですね。打たなくていいんだ、バントでいいんだと（笑）。（４番の）猿川に『お前、バントだけだからいいよな』と言われたことがあるんですけど、そのとき確かにそうだなと。打たなきゃいけない状態って、プレッシャーじゃないですか。その１本で試合の勝敗が決まるわけですから。それに対して、自分はお膳立てをすればいいだけ。チームに必要な役割であって、極端な話、責任がない。できることをやればいいだけなので、リスクは少ないですよね。猿川はできるかできないかわからないことをやらなきゃいけない。そういった面で気持ちは楽だと思います」

〈ファウル打ち〉

佐藤涼平が、佐藤涼平たるゆえん。ただの155センチでないのは、この〝必殺ファウル打ち〟があったからだ。センバツ前の神戸国際大付（兵庫）との練習試合では、あまりのファウルの多さに、主審に「打つ気あるのか？」と怒られたという逸話を持つほどの徹底したスタイル。夏の甲子園でも横浜隼人戦で12球、東北（宮城）戦で10球と、二度も相手投手に10球以上投げさせた。

「自分は力がなかったので、どこかで打てなくて当たり前だと思っていた部分がありました。でも、2番としての楽しさを覚えてからは、バッティングよりもそういう仕事をやりたいと思っていた。特に松田（優作）コーチにファウル打ちを教わってからは、それに対して面白みを感じていました。**自分にしかできないものを教えてもらったと思ったので、絶対プロフェッショナルになってやると。これができるようになれば、チームに絶対必要な存在になるし、生き残れる。**秋の段階では、ただバントをするだけ。本当に『オレは春は（レギュラーは）ないな』というぐらいの気持ちがありましたけど、あれがあったから生き残れたと思います」

まさにプロフェッショナル。佐藤にしかできない〝神業〟だ。神業ゆえ、習得するまでにはかなりの時間を要する。思い切り打ちたいという欲望を抑え、コツコツ地道に練習をくり返した佐藤。モノにするまでの道のりは、長く険しいものだった。

「秋の大会が終わってから、監督さんに『狙ってファウルが打てるぐらいの選手になれ。たとえ

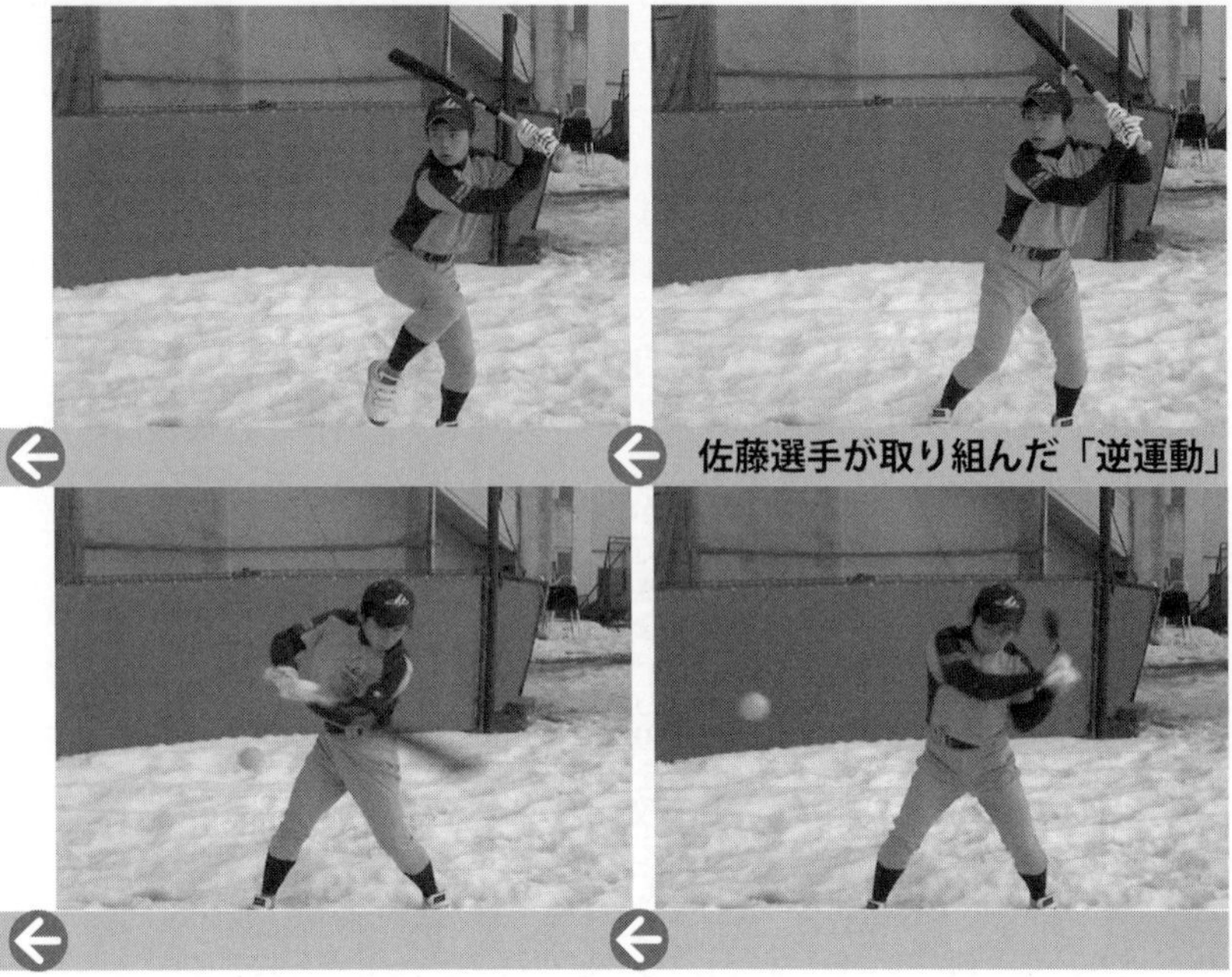

佐藤選手が取り組んだ「逆運動」

アウトになるにしても、ピッチャーや野手にプレッシャーを与え、嫌だなと思われるバッターになれ』と言われました。1個上の先輩にも『ファウルを打て。逆方向に打て』と同じようなことを言われている人がいたので、こうなればいいというイメージはしやすかったですね」

　松田コーチとのマンツーマンで最初に取り組んだのが逆運動。腕は前に出るが、頭は捕手寄りに戻す運動だ。

「松田さんにヘッドを走らせるために教えてもらったことです。基本的にバッティングは動き的には上も下も同じになるじゃないですか。それを上と下の動きを逆にするんです。動きをコントロールする練習。自分の中に（上を）戻すという考えはなかったので、最初は全然できませんでした。具体的には、**顔は軸**

インパクトの瞬間にバットだけを前に放り投げるイメージで

顔は軸足側に残しながらボールを見る

足側に残しながらボールを見るんですけど、下は顔と一緒で残します。上だけは回って、下は回さないように打ちます。

戻すだけでなく一瞬でパーンと回らないといけないので、これでタイミング的に一瞬の回り方がわかるようになれば、それが生きて変化球のときでも反応したりできるようになると思います」

これと同時に行うのが、ノックバットでの

スイング。通常、ボールは体の前で打つため、その際のスイングでは体の前で音が鳴る。だが、この練習では軸足の後ろ（左打者なら左足より捕手寄り）で音が鳴るように練習する。とにかくポイントを後ろに置くイメージをつけるためだ。ノックバットを使用するのは、佐藤に力がなかったから。普通のバットより音が出やすく、音が鳴る場所もわかりやすいからだ。

「ファウルを打つにはポイントを後ろにして打たないとダメじゃないですか。その感覚をわからせるためにノックバットで素振りをします。**バットは振るのではなく、真下に落とすイメージ。自分の足にぶつけるつもりで、体の後ろでブンと音が鳴るようにします。ファウル打ちは足を回さない、プラス体の後ろで一番速いスイングスピードになるようにしなければいけない。そのための感覚的な練習ですね。**最初はできないかもしれませんが、上から振り下ろせば自然と音は鳴ります。そこから少しずつ角度を下げていけばいいと思います」

ノックバットでのスイング

体の後ろ、このあたりでスイング音がするように振る

次に、これを意識して正面からトスしてもらう球を打つ。このときは必ずベースを置いて、選球眼を鍛えることも意識するとベターだ。練習はじめは外角球からスタートするといい。

正面トスを打つときのスイング

体を後ろに引いて、打ちたい方向にひざを向け、自分の下の手よりも上の手のほうが内側に入るようにバットを出す

引いたときの構え。はじめのうちは極端に肩を入れて構えるぐらいでよい

「外角に投げてもらって、それを引き寄せながら打ちます。このとき、肩を開かないで、しっかり呼び込むことが大事。ポイントを後ろに置いて、ぎりぎりまでバットを出さないようにイメージします。バットに当たってフェアゾーンに入っていなければオールＯＫという感じですね。最初は肩を極端に入れていました。試合になると空振りしちゃうのでダメですけど、感覚をつかむまではこれでやるといいと思います。そうすることで何がつかみたいかというと**①ヘッドを出さないこと②体の動きを逆方向に絶対打ちにいくというイメージをつけることですね。構えからステップをして、（ステップした前足が）着くまでは普通の打ち方と一緒。それから逆運動をします。インパクトの瞬間にバットだけを放り投げるイメージでやるといいと思います。**

具体的には①**体を後ろに引いて**②**打ちたい方向にひざを向け**③**自分の下の手よりも上の手のほうが内側に入るようにバットを出します**（P123の写真参照）。そうでなくて上下の手が一緒に行ってしまうと、打球方向的にフェアゾーンに入ってしまいます。極端な話、トスしてもらった場合はファウルチップで後ろに行ってもいいし、（左打者なら）三塁側に行ってもいい。とにかくフェアゾーンに入れないというのを意識します。**できるだけ引き寄せたあとにひざを持っていって上の手を内側に入れる感じです**。

練習は外の球からのほうがいいと思います。インコースからだと引いてしまうクセが出てしまう。バッティングは引いたらダメ。絶対に前に乗せないといけないので。それと、ピッチャーはインコースより外のほうが多いので、割合、確率的な部分でも外からやったほうがいいと思います。あとは、肩を入れながら、ひざを使って打つ感じをつかんでから実戦に入るといいと思います」

普通の構えでできるようになったら、正面からのトスをバスターで打つ。徐々に距離を遠くしていき、上から投げてもらってさまざまなコースに対応できるように練習する。その後は18・44メートルから①マシンで速い球②手投げで変化球とのミックス③グラウンドで実戦という流れだ。

「**タイミングの取り方としては、ピッチャーが足を上げたあたりで1回前に行って**（**投手寄りに重心をかける**）、**足が下りたあたりで引いて打つ。**トスなら腕が下りたぐらいで前に行けばいいと思います。クイックの場合は（前に出ず）最初から真ん中に引きます。

自分の場合はバスターのほうが最短で振りにいける。構えるとどうしても体重移動でぶれたり、バットの位置が変わってしまうので、バスターで毎回全部（トップを）固定して、そこでいつも練習することで感覚的に同じ状態でどんな球でも対応するようにできると思います」

逆運動はクリアしても、実際に球を打つとなると難しい。トスされる球など、球が緩ければ当てることはできるが、このときに手だけで当てにいかないよう注意が必要だ。

「**下を使わなければいけないという動作が一番大事になります。**この段階で下を使う感覚がわからないとダメ。どうしても手でいってしまうので。当てにいかなきゃいけないんですけど、当てにいくというよりは打ちにいく感じですね。当てにいかなきゃいけないとなると、最初から手だけで全部回ろうとしてしまうので、それだとファウルは打てないいんじゃないかと思います。**自分もマスターするまでに半年かかっているので、長いスパンで見ないといけない**と思いますね」

練習でフォームを固めたら、とにかく実戦で試すしかない。

「5日間練習して、土日に練習試合でやってみるという感じでした。走者がいない場面なら、全打席2ストライクまで待って、そこからファウルで粘る練習をしました。1日2試合で8打席6三振という日もありましたね。当てなきゃ、当てなきゃという気持ちがあって、何でもかんでも打ちにいっていました。ボールが見えなくなって、意識は逆方向なのに、最後はかかと体重になっていたり。結果ばかり考えて気持ちに余裕がなく、焦りがあった感じでしたね。『練習試合では失敗しろ。失敗の中で公式戦に生きるようにいろんな経験をしろ』と言われていたんですが……。一番やりづらいのは真ん中の変化球ですね。（右投手の）スライダーはできますけど、カーブは難しい。たとえばカウント2―3で、まっすぐを張っている中で速さの近いスライダーは対応できます。チェンジアップとかも回転が違うので、下で持っていきながらいけるんです。でも、カーブってフワッと来るじゃないですか。だからやりづらいんです。

当てにいってしまって内野ゴロもよくあるんですが、そういうときはたいていいろんなことを考えすぎて球種を絞りきれていない状態。何が来るかなと考えているときにピッチャーがモーションに入ったら結果は悪かったですね」

うまくいかないのは技術的な問題だけではない。精神面も大きく影響する。

「どうしてできないのか考えたら、原因は技術じゃない部分ではないかと思い始めたんです。打席に入っているときの自分の中の心構えというか。**できなかったときというのは、〝ファウルを打たなきゃいけない〟というふうに思って、ボールに食らいつくというより、当てにいこうとしていました。**それによってボール球を振ってしまったりとか、ボールの見極めをする前に体が反応してしまっていましたね。

3年の夏は自分の中でつかんだものがあったんですけど、そのときはファウルを打とうという思いは一切ありませんでした。サードベンチだったり、コーチャーだったり、〝ここらへん〟に打とうと。バックネットに打とうということもありました。思っていたことといえば、絶対に体を開かないということぐらい。**ファウルという言葉を頭から消し去って、違うことに意識を集中させるようにしましたね。**それまではどうしても先っぽだったり、根っこだったり、たまたま当たったみたいな感じだったんですけど、夏はファウルでも芯に当てることが多かった。当てにいくというより、きっちりととらえている感じが自分の中にありました」

狙ってファウルが打てるようになってくると、周りを見る余裕も出てくる。

「**ファウルを打って相手のピッチャーとかベンチを見たときに、顔色が変わるのがわかるんです。**ヒットでもなんでもないのに、一球一球投げるたびに顔色が変わっていくのを見て、嫌がらせというか、こういうやり方もあるんだなと。そういうのを見るのが面白くなってきましたね」

冬にバットを振り込んでスイングスピードを上げ、他の選手が打撃練習をしている間も一切バッティングをせず、黙々とファウル打ちをくり返していた成果だった。

あらためて、佐藤が考えるファウル打ちのポイントとは何だろうか。

「**体が開かないというのは大前提なんですけど、下半身で打ちにいくということですね。**ファウルを打たなきゃいけないとなると、どうしても手のコントロールだと思われるでしょうけど、それだとボールに対応できません。まっすぐが100パーセント来るわけじゃないですし、いろんな球種に対応しなきゃいけないので、下で打つというのが絶対大事になってきます。

あとは**ヘッドを出さないのも大事。**でも、バットに当てたときは手が返っていないといけない。それと、バッティングは絶対下を回さないとダメなんですけど、自分はおそろしいぐらい回らなかったんです。だから、下が回らない人ができるんじゃないですかね。山田（隼弥）も同じ役割

インコースをファウルにしようとするときには、左足を引く。それによって、体が外側に逃げるのを防ぐ

をやっていましたけど、力があるのでどっちかというと回るタイプなんです。甲子園では打ちましたけど、本人は『ファウルを打とうとして、ああいうかたち（ヒット）になった』と言っていました。

　コツと言えるかはわかりませんが、**自分がティーのときから意識していたのは『三塁ベースに走るように打て』ということ。打ったあとに軸足が前に一歩出る感じですね。あと、当てなきゃ、当てなきゃと思うと、かかと体重になってつま先が浮くんです。カーブを目で追いかけて突っ込んでしまう。追いかけてしまったら、グリップの位置を変えずに、ひざをボールに向けて手首を返さずに打つ感じがいいと思います。**

　インコースは難しいと思われていますけど、逆にインコースのまっすぐは超やりやすいんです。バットを振らないのでバットコントロールをしなくていい。インコースをやるときは、手を引くと体がよけちゃって当たらないんです。なので、左足を引く。左足を引くことによって、体が外側に逃げるのを防ぐんです。ボールをぎりぎりの近いところで見れるので、バットは振らないで出すだけで自然とファウルになります。体は残っていてバットは出ていないので、当たればファウル方向に飛んでいくんだと思います。

マスターするために絶対必要なことといったら、数と感覚ですかね。かたち作りはティーだと思うんですけど、数をやらないとわからないです。やっぱり、人対人なので。毎回同じピッチャーが投げるわけじゃないですし、一球一球フォームが違ったり、左もいれば、上から投げたり、下から投げたりもする。それに対応できるようになるためには、練習試合などでいろんなピッチャーを経験するのが大事じゃないかと思います。この他に**大事なのは、楽しむこと。**どこかで打ちたいという欲が出てしまうと中途半端になってしまうと思います。自分ができるようになったらチームにどういう影響があるかなどを考える。やっぱり、**楽しさがないと続かないと思います**」

そして、最後にもう一つ……。

「一番大事なのは、ファウルを相手ベンチに打ったら謝ることですね（笑）。謝れば、相手も嫌な気持ちにならないと思うので。ちなみに、甲子園ではファウルでベンチにある扇風機を壊してしまいました。申し訳ないことをしました」

花巻東の後輩野手たちも、佐藤をお手本に、ときには本人のアドバイスを受けながら懸命にファウル打ちに取り組んでいるが、なかなか神業の領域には達しない。ファウル打ちを本気で自分の役割と思えるかどうか。安打を打ちたい思いを捨て、黒子に徹する気持ちがあるかどうか。やはり神業。誰にでもできる技術とはいきそうもない。マスターするには、覚悟と時間が必要。だからこそ、モノにしたときには——。チームにとっても、自分にとっても、目に見えない大きなプラスアルファが手に入るはずだ。

普通のファウル打ち

バスターからのファウル打ち

第4章

守備は誰でもうまくなる！

佐賀商・森田剛史前監督の「守備ドリル」

森田剛史

もりた・たけし

神埼清明高（佐賀）監督。1971 年 8 月 19 日、佐賀県生まれ。佐賀商高－亜細亜大－日本石油（現・新日本石油 ENEOS）。高校時代は投手、内野手として春夏計 3 回甲子園出場。亜細亜大では大学選手権優勝に貢献。二塁手としてベストナインに 3 回選ばれる。日本石油では都市対抗優勝に貢献。現役引退後、母校で 6 年間部長を務め、2008 年春から監督に。08 年夏には同校を甲子園に導く。10 年春、神埼清明高へ異動。駒大苫小牧高・香田誉士史元監督とは佐賀商高の同期。商業科教諭。

［表1］2004年以降、都道府県大会でのチーム打率2割台で夏の甲子園に出場したチーム

年度	学校名	都道府県	試合数	失策数	総失点	1試合平均失策	1試合平均失点	打率
2004	秋田商	秋田	5	2	9	**0.4**	**1.8**	0.274
	東海大甲府	山梨	5	4	10	**0.8**	2	0.281
	県岐阜商	岐阜	6	4	13	**0.67**	2.17	0.283
	浜田	島根	5	3	12	**0.6**	2.4	0.291
	岩国	山口	6	12	11	2	**1.83**	0.294
	西日本短大付	福岡	7	6	4	**0.86**	**0.57**	0.295
	佐賀学園	佐賀	5	6	7	1.2	**1.4**	0.270
	熊本工	熊本	6	6	6	1	**1**	0.298
	佐土原	宮崎	5	3	9	**0.6**	**1.8**	0.291
2005	京都外大西	京都	7	1	8	**0.14**	**1.14**	0.255
	聖心ウルスラ学園	宮崎	6	8	8	1.33	**1.33**	0.294
2006	専大北上	岩手	6	5	6	**0.83**	**1**	0.282
	静岡商	静岡	7	10	18	1.43	2.57	0.291
	仙台育英	宮城	7	5	6	**0.71**	**0.86**	0.285
	関西	岡山	5	4	7	**0.8**	**1.4**	0.292
	八重山商工	沖縄	6	7	10	1.17	**1.67**	0.297
2007	日大山形	山形	5	4	5	**0.8**	**1**	0.291
	宇治山田商	三重	6	7	5	1.17	**0.83**	0.284
	境	鳥取	4	3	4	**0.75**	**1**	0.252
	岩国	山口	6	4	9	**0.67**	**1.5**	0.240
	今治西	愛媛	5	4	2	**0.8**	**0.4**	0.263
	八代東	熊本	6	9	22	1.5	3.67	0.286
	楊志館	大分	6	6	5	1	**0.83**	0.296
	興南	沖縄	7	7	12	1	**1.71**	0.295

年度	学校名	都道府県	試合数	失策数	総失点	1試合平均失策	1試合平均失点	打率
2008	盛岡大付	岩手	6	6	11	1	**1.83**	0.295
	本荘	秋田	5	10	10	2	2	0.252
	白鷗大足利	栃木	6	1	6	**0.17**	**1**	0.271
	本庄一	北埼玉	7	4	13	**0.57**	**1.86**	0.257
	千葉経大付	西千葉	6	4	8	**0.67**	**1.33**	0.295
	日本航空	山梨	5	1	8	**0.2**	**1.6**	0.281
	加古川北	西兵庫	6	3	7	**0.5**	**1.17**	0.298
	清峰	長崎	5	4	7	**0.8**	**1.4**	0.281
	日田林工	大分	5	4	11	**0.8**	2.2	0.263
	鹿児島実	鹿児島	6	3	5	**0.5**	**0.83**	0.278
2009	旭川大高	北北海道	7	6	7	**0.86**	**1**	0.279
	聖望学園	埼玉	7	3	13	**0.43**	**1.86**	0.242
	八千代東	千葉	8	9	17	1.13	2.13	0.203
	山梨学院大付	山梨	5	8	7	1.6	**1.4**	0.253
	南砺総合福野	富山	6	3	14	**0.5**	2.33	0.239
	日本航空石川	石川	5	7	15	1.4	3	0.260
	敦賀気比	福井	4	1	9	**0.25**	2.25	0.248
	滋賀学園	滋賀	6	6	7	1	**1.17**	0.239
	関西学院	兵庫	7	2	13	**0.29**	**1.86**	0.299
	智弁和歌山	和歌山	5	3	3	**0.6**	**0.6**	0.248
	倉敷商	岡山	5	8	4	1.6	**0.8**	0.299
	伊万里農林	佐賀	5	6	13	1.2	2.6	0.289
	興南	沖縄	5	5	6	1	**1.2**	0.240

点数をやらなければ負けない。

「弱者」が目指すのは失点を1点でも少なくすることだ。なぜなら、打撃は3割打てば一流。強打のチームでもチーム打率は4割台に収まる。さらに、いくら強打線といっても、好投手相手に毎試合打つことは難しい。２００９年の夏の甲子園でも、西東京大会でチーム打率4割8分8厘、1試合平均12・2得点を誇った日大三打線が、甲子園では徳島北戦で3安打2点、東北（宮城）戦で9安打2点と沈黙した。打撃は、あくまで相手があってのこと。相手投手の出来に左右されるものなのだ。

一方、守備は限りなく10割を目指すことができる。練習すればするほどうまくなりやすい分野だ。しかも、基礎練習だけなら場所をとらない。雨天時、室内練習場を持たない学校でも、体育館やピロティーで練習することも可能だ。弱者の負けるパターンは大量失点。その場合のほとんどに四死球や失策が絡むことを考えると、守備の強化は不可欠。勝つためには、やはり失点を計算できる守りが必要なのだ。

04年以降の6年間で、都道府県大会でのチーム打率が2割台で夏の甲子園に出場したチームは47チームある（Ｐ１３４～１３５表1）。そのうち、1試合の平均失点が2点以下のチームは、全体の79パーセントにも上る37チーム。1試合の平均失策が1個以下のチームは全体の72パーセントとなる34チームだ。1試合平均失点2点以下、1試合平均失策1個以下の両方をクリアしたのは29チーム、いずれかをクリアしたのは42チームにもなる。ちなみに、1試合平均失点が3点以上だったのはわずか2チーム。やはり、チーム打率2割台では3点以上取られると厳しい。打てないならば、失策は最低1試合1個にとどめ、失点を2点以下に抑えるのが甲子園への道だ。

弱者が強者に勝つために その30

点数をやらなければ負けない。1試合平均失策は1個以下、1試合平均失点は2点以内が必須

現役時代、佐賀商の二塁手として春夏計三度の甲子園を経験、その後も亜細亜大、日本石油で活躍した佐賀商の森田剛史前監督は、守備の中でも、特に基本を重視して指導する。その基本をわかりやすく、反復練習できるように考案したのが守備のドリルだ。金属バット時代の社会人野球で、打ち合い、点数の取り合いを経験している森田監督が、なぜ守備の基礎、基本にこだわるのか。守備で重要なことは具体的にどんなことなのだろうか。

「当たり前のゴロをアウトにするのがどれだけ大事かというと、野球には流れというものがあって、やはり三者凡退で帰って来た次のイニングは点数を取る確率が高くなるんです。ところが、**四死球とかエラーとか、ミスで取られた点数は絶対に返ってこない。**打たれた点数は返ってくるんですけどね。

となると、絶対に返ってこない点数をいかに防ぐか。当たり前のプレーを当たり前にできる選

手がいい選手ということになります。必要なのは、上手な選手ではなくて、いい選手。**いい選手というのは、ここでアウトにしてほしいというところで、派手さはないけどアウトにする選手です。**上手な選手はいりません。ここ一番でエラーしますから。

点数を与えないことも大事ですが、相手に流れを与えないということも非常に大事。攻撃に流れを持ってくることもできますし、そういう意味でも守備は大事になってきます」

森田監督自身、日本石油時代に公式戦でサードフライを落球。その直後の１球目に本塁打を打たれた苦い経験がある。取れるところでアウトを取れないと痛い目に遭う。１球で流れが変わる怖さを身にしみて感じている。

「アウトにするためにどうすればいいかを考えれば、何をすべきか出てくると思うんです。ゴロ捕りをする、基本をやる、足を使う……。じゃあ、足を使うためにはどうすればいいかと考えていくと、行き着くところがドリル形式になるんです」

森田監督自身、現役時代にできなかったことがたくさんあるという。特に社会人では、力不足を痛感し、やればやるほどわからなくなった経験もある。

「答えが見つからないというか、どうすればいいんだよとか、そういうことが非常に多くて。たぶん高校生も同じ悩みがあるだろう、その手助けができればと。答えを見つけるというより、こういったやり方もあるよとか、方法論を数多く植え込みたい。彼らが壁にぶち当たったときに『いつか先生はこんなこと言ってたな、やってみようかな』とヒントになればいい。たとえそれが高校時代でなくても、野球を続けるうえで、そういうことが出てきてくれればいいと思っています。

僕の場合、なぜできないかと考えたとき、全部やろうとして頭の中で整理整頓ができていなかったんです。『こうやってやれ』とか『人のやるのを見とけ』ではなかなかつかめない部分がたくさんありました。今までできたことでも、意識すると人間は不思議とできなくなるんですね。そんなときに、ドリル式というか、一つ一つ分けてやったほうがわかりやすかった。一つ一つ区切って、理詰めでやったほうがいいなと。結局、わからないということは、できていなかったということ。そういう選手を作らないためにも、長く野球を続けられる基本、将来指導者として教えられる基本を、きちっと身につけさせたいと思っています」

ノックで失策をしたら、なぜしてしまったのかを考えることが大事。結果ではなく、原因を考えることが上達につながる。

「今は情報が多すぎるのか整理できていない子が多いような気がします。プロのプレーを見ていても、捕ったところしか見ていない。そのプレーにいくまでに、どういうスタートを切ったとか、どういうポジショニングをとっていたとか、どういう練習をしたのかとか、そこを考えてほしい。表のプレーではなくて、そのプレーを生むための奥深い考えができるようになってほしいですね。

今の子は単純なことを嫌うような気がします。だから1＋1ができない。守備でいえば、落としたけどアウトにするのが1＋1だと思います。日本では1＋1＝□と教えますが、外国では□＋□＝2と教えるところもある。要するに、答えが2になる例はいくつもあるんです。落としたとしても、アウトを取ればいい。落とした後にどうアウトを取るかということですね」

弱者の戦いを見ていると、落としたうえに、さらに悪送球でダブルエラーというパターンをよく見かける。エラーした時点で焦り、頭が真っ白になってしまっているからだ。落ち着いて素手で拾って送球するだけではなく、オーバーランをしている走者を狙うなど、プレー前から状況を把握し、イメージができていれば、選択肢は一つではないはず。アウトにするための無数の方法を考えておくことが必要だ。もちろん、それが練習なら、足を使っていたか、捕球時の姿勢はどうだったか、捕球時のグラブを出すタイミングはどうだったか、ハンドリング、スローイングはどうだったかなど、いくつものチェックポイントがあるはず。結果だけではなく、過程、原因を探すことこそ上達への近道だ。

弱者が強者に勝つために その31

ミスからの失点は返ってこない。取れるアウトは確実に取る

ひとくちにエラーとはいっても、そのほとんど、7~8割は悪送球だ。高校生だけでなく、それは大学、社会人になっても同様。特に人工芝の球場になると、悪送球によるエラーが明らかに多くなる。だからこそ、キャッチボールは重要。スローイングのドリルが大事になってくる。

ここで注意したいのが受ける側の意識。スローイングのドリルとはいえ、受ける側も練習なのだ。

「投げるのも重要ですが、**受けるほうも足を使って胸で捕ることが大事です。『胸に投げる』ではなく、『胸で捕る』という意識づけをしなければいけない。**ドリルばかりやっていると、どうしても投げる練習と思ってしまいますから。お互いの意識のキャッチボール。受けるほうもしっかり呼んで、**ダメだったら足を動かして捕った後に必ずひとこと『胸に投げろ』と評価しないといけない。そういうプレーを流してはいけないんです。**

どんなにちゃらんぽらんにやっても、キャッチボールは遠投までやれば、どのチームも1日50球は投げます。50球でも×365日なら何球になるのか。いきなり上手になるのは絶対にありえません。1日、1日、日々のキャッチボールをいかに考えてやれるか、実戦を想定してできるか。これが大事になってきます」

弱者が強者に勝つために その32

キャッチボールは捕る側の練習でもある。足を使って胸で受ける

ある程度キャッチボールができてきたら、小さいダイヤモンドを使ってのボール回しがおすすめだ。「大事なことはあれに全部集約されていると思います。高校生だと長い距離は投げられま

せんから、小さいダイヤモンドで短い距離が最適でしょう」。捕球すると同時に右の股関節に乗るかどうか。グラブの芯で捕らないとしっかりと体重は乗らない。右足で捕って乗せて、左足で投げる。佐賀商では、右足で「イチ」、左足で「ニィ」と声を出すようにしている。

バリエーションはさまざまだ。①普通に捕球して投げる②わざとエラーして拾って投げる③回転して投げる④捕球後に前転して投げる⑤捕球後に後転して投げる⑥ジャンプして降りて投げる……など実戦を想定して行う。ちなみに前転や後転してから投げるのは、目が回っていようが投げる相手をすぐに探して投げる練習、ジャンプして降りて投げるのはライナーを捕球後に飛び出した走者を刺すことを想定した練習だ。

「自分で挟殺を想定するなど、いろいろやっていいと思います。やったことに対しては何も言いません。逆に、アイデアを出したということで褒めるようにしています」

ドリルでもボール回しでもそうだが、弱者によく見受けられるのがミスをした瞬間にプレーが止まってしまうこと。それでは練習のための練習にすぎない。

「あーあという感じで、失敗してやめる子がいるんですが、プレーを途中でやめないことが大事です。失敗しても、そこから立て直して最後まで続ける。ノックでもボール回しでも悪送球したら、追いかけて、誰かが中継に入って続けてもいいと思います。実戦ではあることですからね。その中で、間に合うなら投げる、間に合わないなら投げないと分けてみる。それをわからせるためにストップウオッチでタイムを計って、今のは間に合うぞとか、エラーしてもこのタイミングならぎりぎりだとかをわかっていけばいい。とにかく最後のプレーまで続けることが大事だと思います」

ちなみに、タイムつきでノックをする場合は高校生の俊足選手を想定。中継リレーがきっちりつながったからＯＫではなく、それに間に合うタイムを目指す。タイムの目安は内野ゴロ３・９秒、二塁打７・８秒、三塁打11・８秒あたりだ。

弱者が強者に勝つために その33

ミスをしてもプレーは中断しない。タイム設定は常に最も速い走者を想定して行う

多くのチームで練習中にトス打撃をするのを見る。だが、その大部分はただこなしているだけ。高い意識で取り組んでいるチームは少ない。だが、トス打撃もしっかり目的を持ってやれば、短時間でノックを受けるよりもいい練習になる。

バリエーションとしては①足を使ってリズムよくやる一般的なやり方②両足を固定して捕球し、スナップスロー（二遊間の併殺をイメージ）③全て逆シングル捕球④後ろに下がって捕球し、捕りながら右足に乗せて投げる⑤一、二塁間のゴロを想定し、捕球したら回転して投げる⑥あえて距離を遠くしてやる⑦全てダイビングして捕球→起き上がって投げる（右方向、左方向ともに）⑧投げる手を後ろに置いて、全てシングルハンドで捕球⑨カエルのように股を割ってグラブを下

に下ろして捕球⑩3人組で横の選手にバックトス⑪3人組で縦に並んで中継をイメージ……など試合でありそうなことを想定していろいろな動きをする。

ちなみに、打者も全て①クローズドスタンス②オープンスタンス（両目で見る）③スクエアスタンス④ワンバウンド、ツーバウンドで返す⑤ライナーで返す⑥フライで返す⑦足を上げて打つ⑧バットを止めて打つ……などさまざまな打ち方で打つ。①〜③は目のトレーニングにもなる。

弱者が強者に勝つために その34

常に試合を想定。そうすればバリエーションは無数に出てくる

ここで紹介するドリルの他に、これらのことを意識して練習に取り組んでほしい。守備は誰でもやればやるほどうまくなる。意識すればするほど上達は早まる。失点を防ぐことこそ、勝利への第一歩。守備を強化して強者に挑もう。

※ドリル説明の（　）内はかけ声。かけ声をかけてリズムとして覚える。

十字立ち受けジャンプ

全方向、順周り、逆周りともに行う。捕球態勢→軸足を乗せて（イチ）（写真①）→送球方向にまっすぐ踏み出し→腕を振る（ヨーシ）（写真②）。投げ終わった態勢のまま 3 秒間キープ。

ポイント ①しっかり軸足の 90 度を作る→これがのちのちのドリルに出てくる。
②前の股関節に体重を乗せる。
③軸足の踏み替え→この切り返しができないと悪送球につながる。

①

②

③

スローイング
ドリル
B

跳ね上げ片脚受け
×5セット

投げる方向に踏み出し足（左足）を向けて捕球態勢（写真①）→上半身は割ってトップを作り、下半身も投げる手と同じ足を同様に割る（足をどこかに乗せて投げるイメージ）。捕球と一緒に送球態勢まで作る（イチ）（写真②）→腕を振り、骨盤を押し込む（サン）（写真③）。投げ終わった態勢のまま3秒間キープ。

ポイント ①上半身を割ったら、下半身も割る。上半身をしぼったら、下半身もしぼる。下半身のしぼりが上半身のしぼりにつながることを意識する。
②腕はXをイメージ。肩が前に出てくるように。
③スローイング時にひざが折れないように。右足が左足より前に出ないように注意。

スローイング
ドリル
C

ノンステップスロー (0－1－3) ×5セット

かかとから4足半の位置に前足を合わせる。腕を振る位置に第3線を引く。
体の内側に割る（ゼロ）（写真①）→ズボンにしわを作る感じで寄せ、トップを作る（イチ）（写真②）→軸を保ちながら体重移動（ニィ）（写真③）→骨盤を押し込むイメージで回転、第3線上に腕を振る（サン）（写真④）。投げ終わった態勢のまま3秒間キープ。

ポイント ひざが割れないように。ひざが落ちたり、肩が落ちたりしないように注意。

スローイングドリル
D

ノンステップスロー（1－3）×5セット

ドリルCと同じ要領で、
捕球態勢から（写真①）→ズボンにしわを作る感じで寄せ、トップを作る（イチ）（写真②）→骨盤を押し込むイメージで回転、第3線上に腕を振る。スローイングでズボンのしわが移る感じ（サン）（写真③）

ポイント 実際の動き、球を意識して行う。ドリルCのニィを飛ばしてイチからサンへ。実際のプレーはこうなるため。スローイングドリルA、B、Cの応用。

軸足捕球〜立ちジャンプ 3歩×5方向、それぞれ3秒キープ

投げる方向の正面（0度）、45度、90度、逆45度、逆90度にラインを引く。捕球姿勢から→投げる方向に軸足を90度に向ける（ゼロ）（写真①）→投げる方向に3歩ケンケンで進む（イチ、ニィ、サン）（写真②、③）→送球方向にまっすぐ足を踏み出し、腕を振る（ヨーシ）（写真④）。投げ終わった態勢のまま3秒間キープ。

ポイント 野手も投手と同じように立つ“間”がある。ちゃんと立つことを意識、理解する。ケンケンでしっかり軸足に体重を乗せる（乗らないといい球が行かない）。このとき突っ込まないように注意。後ろから前へを意識しながらスローイングし、投げ終わった後は前足の股関節にしっかり体重を乗せる（乗らないとキープもできない）。

フィールディング
ドリル
A

セット（しぼり・面立て・割り）×5セット

捕球態勢時ぐらい足を開き、両手を挙げる（写真①）→両ひじをしぼりながら、体重を落としつつ、胸の前にグラブを持ってきて捕球姿勢を作る（イチ）（写真②）→胸を地面と平行に近いかたちにし、グラブを立て、捕球態勢を作る（イチ）（写真③）→トップを作り、投げる態勢を作る（イチ）（写真④）→腕を振る（ヨーシ）（写真⑤）→左足一本で立つ（ヨーシ）（写真⑥）

ポイント 野球の動きには割りとしぼりが重要。割りとしぼりのくり返しであることを理解する。ひじをしぼったまま、グラブは円運動で捕球態勢を作る。捕球後はまた割り、スローイングへ。割り（両手を挙げ）→小さく（胸の前にグラブを構え）→しぼり（ゴロ捕球姿勢）のイメージ。

正面の移動（左右）×５セット

正面のゴロ捕球態勢（イチ）（写真①）→右方向にグラブと体重を持っていく（イチ）（写真②）→正面のゴロ捕球態勢（イチ）（写真③）→左方向にグラブと体重を持っていく（イチ）（写真④）→くり返し→ラストの５回目のみ右足に乗せて（ヨーシ）（写真⑥）→腕を振る（ヨーシ）（写真⑦）。投げ終わった態勢のまま３秒間キープ。

ポイント ◎自分の捕れる範囲を知るため、腕は目いっぱい伸ばす。
◎目線がぶれると失策につながるため、腰の高さが変わらないように我慢する。頭を上げず、股関節の移動で体の中心に軸を持っていく。

※写真よりもグラブを立てるイメージで。

交互の踏み込み ×５セット

フィールディングドリルＢの応用
股を割ったゴロ捕球の態勢から→左足方向に股関節を２回押し込む（イチ、イチ）（写真①）→右足方向に股関節を２回押し込む（ニィ、ニィ）（写真②）→くり返し（写真③④⑤）→ラストの５回目のみ右足に乗せて（ヨーシ）（写真⑥）→腕を振る（ヨーシ）（写真⑦⑧）。投げ終わった態勢のまま３秒間キープ。

ポイント ◎グラブは面を見せる（立てる）。
◎腰の高さを変えないよう我慢し、頭をしっかりと上げる。
◎地面と胸は平行に近いかたちにし、足はかかとから入る。
◎かかとからつま先への体重移動を意識する（行き過ぎないよう注意）。
◎沈み込むのではなく、ひざで受けて上げる。ひざが割れないように注意。

ケンケン〜ゴロ捕球〜45度送球×2セット

左足でケンケンしながらグラブを捕球方向に向ける（向けて〜）（写真①）→右足着地、左足踏み出しで捕球態勢を作る（右、左）（写真②③）→右足に乗せてトップを作って（右）（写真④）→進行方向左斜め45度の方向へ腕を振る。（写真⑤）投げ終わった態勢のまま3秒間キープ。

ポイント あくまでも球を待つのは左足で、捕球は右足。スムーズなスローイングに移るため、タイミングを合わせるために左足が重要。「右足で捕れ」というが、左足で準備ができていないと絶対によい捕球姿勢はとれず、スローイングにもつながらない。「来た、来た、来た」→「捕るぞ」というイメージ。捕球後は捕ったところに右足を持っていくが、その際に体が起き上がらないように注意。起き上がるとスローイングがぶれる原因になる。また、頭が突っ込まないようにも注意。右足への乗りが甘いと突っ込むことになる。

ケンケン～ゴロ捕球～フリー送球×２セット

フィールディングドリル D1 の応用。最後の送球を左斜め 45 度ではなく、360 度全方向へ（方向は自分で選択）。投げ終わった態勢のまま 3 秒間キープ。

ポイント スローイングドリル A の十字での切り返し（P145）をイメージし、軸足を投げる方向に 90 度に向ける。

フィールディング
ドリル
E1

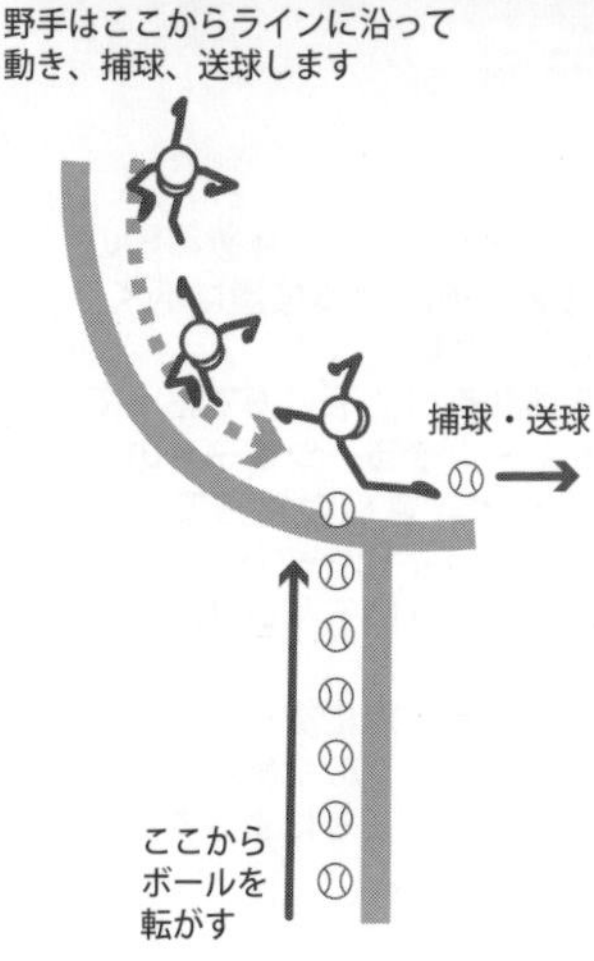

トップ～ハーキー～スロー～ゴロ捕球～送球×くり返す

正面のイージーゴロをイメージ。
コーナーまでトップスピードで入り（写真①）→コーナーでハーキー（小また）に（写真②）→スロー（ゆっくりと）で打球に合わせて→捕球（写真③）→送球（写真④）。投げ終わった態勢のまま 3 秒間キープ。

ポイント 正面のゴロは一番難しい。正面の打球に対し、まっすぐに入るとボールとぶつかるため、いったん右に出る。打球が速いときは一歩でも、右側に一瞬重心をかけるだけでもよい。そういう動きを入れることが必要。

トップ～ハーキー～スロー～ゴロ捕球～割り×3セット～送球

フィールディングドリルE1の応用。捕球後、3回割り（写真④）の動作を入れる。捕球後→割り（イチ）→割り（ニィ）→割り（サン）→送球姿勢（トップ）を作ってスローイング（シィ）。投げ終わった態勢のまま3秒間キープ。

ポイント ◎割りを3回入れ、体重移動の確認をする。割る位置は低く。頭の位置を変えないように。

◎割る位置はなるべく下。下で粘って頭の位置をキープする。ショートの三遊間のゴロなど、遠投の場合でも低く（ワンバウンド、ツーバウンドでOK）。野手に高投はいらない（高投はカバーできないから）。

◎捕球姿勢を作ると前に突っ込む場合が多い。スローイングのためには乗せることが必要。割ることによって乗せるイメージをつかむ。

フィールディングドリル
F

右側へのゴロ

捕球↓軸足に乗せてトップを作る
（イーチ）

スローイング（サン）
投げ終わった態勢のまま3秒間キープ。

右側ゴロ
軸足乗せ

ポイント ◎ボールまで速く行くことが大事。左足でボールを捕りにいく。左足の着地と同時にボールを捕りにいき、グラブに入ったときに右足股関節に乗せる。左足で準備し、ボールを待つ。右足で待つと体重が傾いてしまう。

右足に乗るときはひざが割れないように我慢して、伸び上がらないように注意。

◎送球時は肩が上がらないように、肩を抑えて低投を意識する。

1日ひと箱、毎日やることが大事 はしごをラインで引く（ラダーでも可）

ライン上に入る↓大きく呼ぶ

↓

小さく小またで送球方向へ引く

↓捕球

スローイング

ポイント ◎細かいステップでまっすぐ入る（その目安となるようにはしごを描く）。

◎引いてボールを待ち、ボールを捕りにいかない。

◎捕球時に右足に体重が乗り、割れている状態を作る。

捕球時にボールから顔が遠くならないように注意。

◎捕球後はグラブを下げず、捕ったところで割る。ワンバウンドの送球の場合、下から投げてもよい（わざわざ体を起こして投げる必要はない）。素早く投げてアウトにしないと意味がない。少しでも早く送球する。

◎足を使って胸で捕球する。捕球後、回転して投げるのは足を使って捕りにいっていない証拠。

◎うまくできるようになってきたら、ネットまでの距離を伸ばす（二塁手でも40メートルを投げられるように）。最終的には正規の距離でタイムを計ってやるのがベスト。

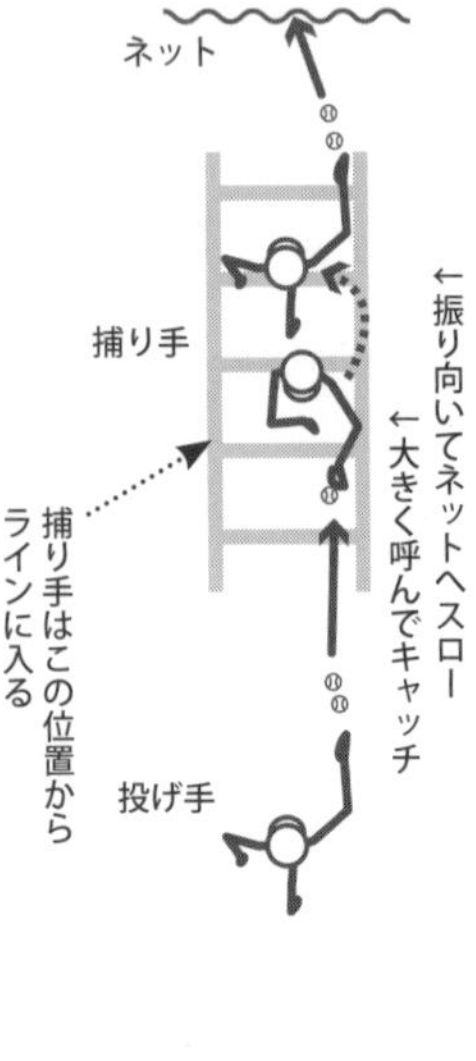

股を割り（つま先は逆ハの字）、地面と胸を平行にし、顔をしっかり上げて行う。

ポイント ◎人が乗り、股割りの姿勢ができるまでやる。
◎人が乗るだけではなく、その態勢でボールを投げるまでやることが大事。体が起き上がらないまま投げるイメージをつかむ。（写真②）

寝てゴロ捕球

うつ伏せに寝て、頭の方向から来るゴロを捕球する。

ポイント 正面のゴロが一番怖い。恐怖心をなくすために行う（小中学生にもおすすめ）。恐怖心からだんだん斜めにボールを見るようになる。ボクシングも同じだが、斜めから見ることで距離感をつかむことができる。ゆるいゴロから慣れてきたらだんだん強いゴロで行うとよい。

「最近は腰が高く胸が上がる選手が多い。イレギュラーしたら頭の上を通るぐらいでないといけない。顔に当たるのはだいたいヘタな子です。この練習をして、ノックをすると、より遠くから来るのでバウンドの跳ね方がわかるようになります」（森田監督）

第5章

軟投派の左投手を育てるポイントはこれだ

石見智翠館《いわみちすいかん》・末光章朗監督に聞く

末光章朗

すえみつ・あきろう

石見智翠館高（島根）監督。1970年5月21日生まれ。大阪府出身。PL学園高－大阪学院大－松下電器。高校時代は二塁手で、ヤクルト・宮本慎也と二遊間を組む。大学でも二塁手として活躍し、3年春秋のリーグ戦（関西六大学）では連続でベストナインに選ばれた。4年時は主将。松下電器で2年半プレーしたのち、大産大付高コーチ、大阪学院大コーチを経て、98年1月に江の川高（現・石見智翠館高）監督に。2003年にはチームを夏の甲子園4強に導いた。商業科教諭。

いまや高校生でも１４０キロを投げる投手が珍しくなくなった。それどころか、２００９年の夏の甲子園では花巻東（岩手）・菊池雄星（西武）、明豊（大分）・今宮健太（ソフトバンク）、西条（愛媛）・秋山拓巳（阪神）の３人が１５０キロ台を記録。近年の高校生投手のスピードの伸びは著しい。だが、スピードボールを投げるには、ある程度の素材が必要。それだけの素質を持つ中学生がわざわざ「弱者」を選択し、入学してくることはまれだ。

だからといって、速球派投手の不在を嘆いてもしかたがない。いなければ、それ以外の投手で勝負するしかない。そんな弱者のために、心強いデータがある。別表は04年以降、夏の甲子園初出場を果たした43校の主戦格の投手の投法を調べたものだ。やはり初出場するためには、好投手が必要。09年までにプロに指名された投手は７人もいる。だが、投手のタイプ別に①右１４０キロ以上②右１３５〜１３９キロ③右１３５キロ未満④右横手または下手⑤左の５種類に分けてみると気がつくことがある。43人のうち、最も多い12人を占めたのが左投手なのだ。

右投手25人のうちスピードが１３５キロに満たないのは４人しかいないが、左投手なら12人中半分の６人もいる。左投手ならばスピードはいらないという証明だ。事実、09年夏の甲子園でも、最速１３１キロの札幌一（北海道）・掛端亮冶、最速１３３キロの東農大二（群馬）・加藤綾がともに１勝を挙げている。二人の直球はほとんどが１２０キロ台。変化球を低めに集めることができれば、球速がなくても十分に打力上位の夏に戦えるのだ。

その意味で、最も強烈なインパクトを残したのが03年夏の江の川（島根）の背番号11・木野下

[表 2]

2004 年以降、甲子園初出場を果たしたチームのエースの投法、球速

年	学校名（太字は公立）	都道府県	投法	球速	備考
2004	**下妻二**	茨城	右	143	
	千葉経大付	千葉	左	133	松本啓二朗（→早大→横浜）、2 番手の右投手も 136 キロ（井上雄介→青学大→楽天）
	鈴鹿	三重	右横	126	
	北大津	滋賀	右	135	
	鳴門一	徳島	左	124	
	鳥取商	鳥取	右	137	
	済美	愛媛	右	142	プロからドラフト指名を受けるが入団拒否（福井優也→早大）
	佐土原	宮崎	左	134	2 番手の右投手も 139 キロ
2005	**藤代**	茨城	右	137	
	国士舘	東東京	右横	128	
	静清工	静岡	右横	140	
	菰野	三重	右	127	
	清峰	長崎	左	141	古川秀一（→日本文理大→オリックス）
	別府青山	大分	左	130	
	聖心ウルスラ学園	宮崎	右	131	変則投法
2006	白樺学園	北北海道	右	135	
	光南	福島	右	135	
	松代	長野	右横	128	
	福岡	富山	右	129	
	鹿児島工	鹿児島	右	138	
	八重山商工	沖縄	右	150	大嶺祐太（→ロッテ）、2 番手の右投手も 145 キロ
2007	大垣日大	岐阜	右	146	
	金光大阪	大阪	左	139	植松優友（→ロッテ）
	楊志館	大分	右	144	
	神村学園	鹿児島	右横	136	
2008	本庄一	北埼玉	左	137	
	新潟県央工	新潟	右	138	2 番手の右投手も 136 キロ
	加古川北	西兵庫	右	135	
	下関工	山口	右横	131	
	飯塚	福岡	左	138	辛島航（→楽天）、2 番手の右投手も 136 キロ
2009	**八千代東**	千葉	右	139	
	横浜隼人	神奈川	右	141	
	常葉学園橘	静岡	右	146	庄司隼人（→広島）
	長野日大	長野	右	144	
	南砺総合福野	富山	右	139	
	日本航空石川	石川	左	138	
	滋賀学園	滋賀	左	142	
	鳥取城北	鳥取	右	134	
	立正大湘南	島根	右	145	
	華陵	山口	右	143	
	藤井学園寒川	香川	左	133	
	徳島北	徳島	左	134	
	伊万里農林	佐賀	右	138	

優だった。177センチ、73キロの体から投げ込む速球は最速でも120キロ台前半。ほとんどが120キロ前後で、110キロ台も珍しくなかった。カーブは90キロ台。スローカーブは80キロ台の〝超遅球〟だった。夏の大会前は二番手だったが、島根県大会初戦でエースの棚田允也が右足を負傷。登板不能となり、急遽巡ってきたエースの座だった。島根県大会では34イニングを投げ、被安打はイニングとほぼ同数の32。失点も10と決して突出した数字は残していない。ところが、そんな木野下が甲子園で快投を見せる。初戦（2回戦）で中越（新潟）を6安打完封すると、3回戦では沖縄尚学に4安打しか許さず島根県勢初の2試合連続完封。さらに準々決勝でも聖望学園（埼玉）を6安打1点に抑えて、島根県勢80年ぶりのベスト4進出の原動力となったのだ。

一見、どこにでもいそうな普通の左投手が、なぜ大舞台であれだけの投球ができたのか。どのような意識で投球をしていたのか。ちなみに、江の川は05年夏にも最速119キロの左腕・山口周作で甲子園に出場している。軟投派左腕で勝つためには。弱者にでもマネできそうなポイントを末光章朗監督に語ってもらった。

プロのスカウトも左投手について「球速は数字よりも5キロ増し」と言う。速いにこしたことはないが、絶対条件ではない。右投手なら獲得に二の足を踏む低い身長の選手でも、左投手なら関係なし。間違いなく右投手より評価は数割アップする。それだけ左投手が貴重で、打ちにくいことの証明だ。右投手より人数が少ない希少性ゆえに練習する機会が限られるのは大前提として、なぜ左投手は打つのが難しいのだろうか。末光監督がそのヒントを得たのは、松下電器時代の同僚で滝川二（兵庫）で1988年夏の甲子園にも出場している左腕・田中俊成の言葉だった。

「『**ピッチャーはスピードちゃうねん。角度や**』と。『なんぼ速いピッチャーでも、ガチーンとピッチャー返しを食らうやろ。150キロでもセンター前に火の出るような当たりを打たれるっていうのは角度がないからや。遅いピッチャーでも打たれないというのは角度があるから。角度さえわかって投げたら絶対打たれへん』と言っていたんですね。それから角度を意識するようになりました。左ピッチャーなら右バッターのインコースいっぱいをクロスファイアと言いますよね。でも、右ピッチャーのアウトローは一番いい球なのに『角度をつける』と言う人はあまりいない。左のほうが角度を意識しやすいのかなと」

一般的に角度というと、長身の投手が上から投げ下ろすことによる上から下への角度をイメージするが、末光監督が言うのはそういうことではない。上背があればもちろん有効だが、それよりもストライクゾーンにどのような角度で入ってくるかだ。同じ外角の直球でも、打者に対して直線に入ってくるのか、斜めに入ってくるのか。これにより、当然打ちやすさも変わってくる。

「バットとボールがまっすぐ当たったら飛びますよね。この角度を変えてあげるんです。**バットの角度に合わなければボールは飛びませんから**。球威のないピッチャーはここが生命線になってきます。同じコースでも、角度のある球とない球がある。ツーアウト満塁、カウント2—3で真ん中にしか投げられないときに、真ん中にすーっと投げたら打たれる可能性が高いですけど、真

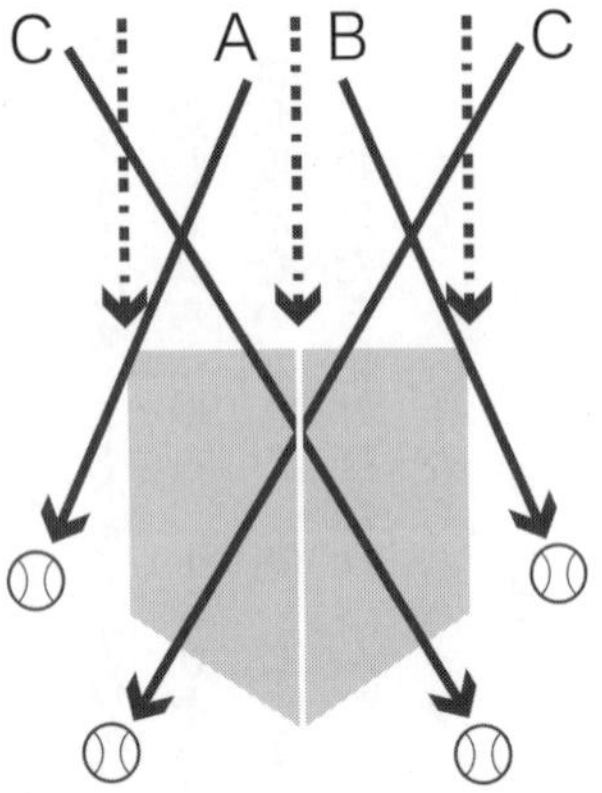

実線矢印の角度をイメージして投球練習を行う。捕手にもこの角度をわからせることが必要。
A…スライド気味の球がいい。シュート回転したら開いている、押しているということ。気をつけろという注意サイン。
B…シュート気味に逃げるほうがいい。スライダー回転になると危険、注意。
C…「真ん中近辺でも角度があればＯＫ。捕手が言ってあげるとわかりやすいですね。真ん中でも、練習で投げさせておかないとダメ。真ん中でも角度のある球をわかって使えれば投手は楽になります」（末光監督）

ホームベースを真ん中から切って左に逃げる球か、右に逃げる球かを意識する。捕手に向かってまっすぐに来るのが角度のない球（点線矢印コース）。少しでも外に逃げればいい。

ん中でも角度があれば打ち取れる可能性が高くなる。真ん中から逃げていけばサードゴロ、ショートゴロ。真ん中から食い込んでくればファーストフライになりやすい。角度があれば、インサイドアウトでしっかり振れるバッターじゃないとなかなか攻略できません。高校野球は金属バットですし、パワーヒッターでもドアスイング気味の子が多い。そういうバッターほど、角度をつけた球は有効かなと思います」

この角度こそが左投手の武器。左投手だからこそ意識できる部分だ。

「例えば右ピッチャーに『真ん中

のボールに角度をつけろ』と言っても投げられる子はほとんどいません。よっぽど開いて投げてシュートとかでないと無理でしょう。もちろん、投げられれば武器になりますが、せいぜいひとまわり。ずっと投げるのは難しい。角度はやはり左ピッチャー特有のものだと思います」

投げる際はとにかくまっすぐすーっと入らないように心がける。ストレートを投げても、意識するのはあくまで角度だ。

「ピッチングをするときも、とにかくベースの上での角度をイメージさせます。キャッチャーの後ろについて、『今のはOK』『今のはダメ』と一球一球見てあげることが必要。ブルペンでは、イメージした通りにいかに投げられるかを練習できるかですね」

まずはストレートを投げたときの角度。これを踏まえたうえで、右打者の外角へ投げるときはシュート系をイメージする。スクリュー系の沈む球を投げられるのがベストだが、ストレート系統で微妙にシュートしていればそれでOKだ。

「**握りを変えたり、ちょっと力を入れたり、抜いたりするだけでも角度は変わるはずです**。木野下の場合、チェンジアップ系を投げられなかったので、3本指で投げさせてみました。それで思い切り投げたらちょっとシュートしたんです。その球を投げるときにフォームが変わってしまったら意味がないですが、本人も『まっすぐと変わらない感じで投げられます』と言うので、『それを使え。ボール球でいいから』と。木野下には遅いカーブがあったので、その球があるだけで全然違ってくる。カーブを有効にするためのエサまきとして、『アウトローにワンバンするボールでいいから』と練習させました。最後はそれでストライクが取れるようになり、真ん中にそのシュート気味のまっすぐを投げたりもするようになりましたね。

最終的には、やはり両サイドに角度をつけられるまっすぐ、変化球を投げられるかどうかを意識してブルペンで投げないと、本当の意味の幅は広がらないのかなと思います」

角度を変えるなら、投球ごとにプレートを踏む位置をずらしてもいい。同じコースでも、とにかくまっすぐ入らないこと、同じような球筋を続けないことを意識する。バットとボールを正面衝突させない。これがポイントだ。

弱者が強者に勝つために その35

左投手の命はスピードより角度。握りや力の入れ具合を調整し、バットとボールを正面衝突させない角度のある球を投げる

もう一つ、投げる際に意識するポイントがある。

「**力投しないことですね。**目いっぱい放ったら疲れますから、連投がきかなくなります。**力の入れ具合でいったら、七～八分。場合によったら六分ぐらいで投げるぐらいでいい。**

それに、バッター目線からいうと、目いっぱい放るぞと見せかけて目いっぱいの球が来ても怖くない。いくらでも予測できるし打てるんです。ところが、逆は怖い。目いっぱいと見せかけて

球が来ない、軽く放って球が来ると打ちづらいんですね」

木野下には、「力投するな」「目いっぱい放る必要ないぞ」と言い続けた。

「これを高校生に話しても、理解してやりきることは難しい。高校生はどうしてもスピードを追い求めるので、力投したがるんです。木野下の場合、**スピードを捨てられたのが結果を残せた要因かなと思います**」

スポーツ紙などマスコミでは「MAX145キロ」などスピードが大きく報じられる。甲子園ではオーロラビジョンに球速が表示される。スピードは素人が見てもわかる部分だけに、高校生ではどうしても「遅いとかっこ悪い。速い球を投げたい」という気持ちになる。その考え方をいかに変えさせるかが指導者の仕事。投手に必要なのは、見栄えのよさではないからだ。

「**スピードはいらないけど、切れは必要です。**110キロでもいいから、切れのある球ですね。スピードを意識すると、力んで腕を振ろうという意識が強くなってくる。切れを出すには、力を抜いて、（リリースに）力を集める感覚。それができると、バランスもよくなってきます」

だが、力を抜けといってもなかなかできるものではない。末光監督は、木野下にこんな練習をさせていた。

「塁間より短いぐらいの距離を助走をつけて目いっぱい投げるんです。いっぺん自分のMAXを出せと。そうやって自分の体を使う感覚を覚えてからブルペンに入る。MAXから徐々に力を抜いていくんです。普通の状態で投げていて『こんなもんかな』という感覚を探すのは難しい。それより、目いっぱい体を使わせてから感覚のいいところを見つけさせるほうがいいと思います」

力を抜いて投げるためには、やはり下半身で投げなければならない。下を使うイメージをつかむため、こんな練習もさせた。

「バランスボールにもたれかけさせて、1、2、3の3回目ぐらいでバランスボールをどけてそのまま投げさせる。そうすると、下が行ってから、その力を使って上に伝えるという連動がわかりやすくなります」

ブルペンでの投球練習前には、金属バットや竹バットなどを5回程度軽く振らせることもした。軽いと手だけでやってしまうが、重たいものを持つと下半身を使うようになるからだ。いかに上半身の力を抜いて、下半身の力を使うかのイメージ練習だ。

「**結局、毎日キャッチボールからどれだけ意識してできるかだと思います。**向上心があって、何とかよくなりたいという子なら意識できる。逆にいえば、僕らがどれだけ意識できるイメージを与えられるか。そのために、ブルペンでも試合でも、力んで投げたらすぐに注意しました。力んだ球があればキャッチャーも厳しく指摘しましたし、僕もそう。勘違いしてるなと思ったらすぐ言えるように、ずーっと見ておくことが大事だと思います」

スピードも、余計な力もいらない。理想は、軽く投げているようで、手元でピュッと伸びのある球。それが打ちにくさにもなり、連投可能にもなる。

弱者が強者に勝つために その36

力投はいらない。毎日のキャッチボールから七〜八分で切れのある球を投げることを心がける

左投手といえば、やはり武器になるのはカーブ。木野下も80キロ台のスローカーブを持ち味にしていた。

「木野下は体がやわらかく、もともとカーブを投げられました。遅いけど思ったより曲がりますし、インステップ気味のフォームだったので、余計角度がついて武器になりましたね」

ただ、近年は右投手にカーブを投げる投手があまりいないほどのスライダー全盛時代。左投手とはいえ、カーブをマスターするのは簡単ではない。

「手首が硬いと投げられませんからね。カーブが投げられない子には、ストレッチからやらせています。それと、カーブを投げるときほど『腕を振れ』と言います。『最後まで腕を振りきれ』と。**緩急をつけるために遅く投げようと思って腕の振りも遅くなるなら、腕を振って2〜3キロ速くなってもそっちのほうがいい。一番大事なのは、同じフォームで緩急があること。緩急をつけてもフォームが変わったら意味がない**ですから。

どうしてもカーブが速くなるなら、まっすぐを遅くすればいいんです。１２０キロのまっすぐがあって、１００キロのカーブがどんなに練習しても90キロにならないなら、１１０キロのまっ

すぐを何球か投げればいい。腕を振ったまっすぐ、軽く投げたまっすぐ、腕を振ったカーブ。一つそういう球が挟まれば、バッターは嫌ですからね。

どうしてもカーブが苦手という場合でも、カーブはストライクを投げられなくてもいいんです。とにかくカーブを投げられるようになればいい。それだけでバッターにしたら嫌ですから。それに、今は140キロのまっすぐと120～130キロのスライダーが王道みたいになってますが、そういう球はちょっとコントロールミスをしたり、球威が落ちたら怖い球になります。それよりも、**遅いカーブのほうが、球威がない分、ミスをしても痛い目に遭わないことが多い。まっすぐが120キロでも、カーブが80キロなら40キロの差をつけられます**し、最近はカーブを投げるピッチャーが少ないので、重要性はあるんじゃないかと思います」

　素晴らしい切れがなくてもいい。緩急をつける球として、カーブを投げられることのほうが重要なのだ。投げるなら、大ケガのないようにとにかく低めへ。ワンバウンドでOKだ。そして、とにかく遅く。反発力がない分、甘く入っても遠くに飛ばされる確率は低くなる。左投手はカーブこそ命。その意識で取り組むことが重要だ。

弱者が強者に勝つために その37

緩急をつけられるカーブは投げられるだけで武器。腕を振ってストレートと同じフォームで投げられるように練習する

角度を意識するとなると、それこそ右打者への内角・クロスファイアから練習したくなるが、それはまだ早い。より効率的に練習するには、ふさわしい順番がある。

「**右バッターのアウトコースまっすぐから練習したほうがいいですね。シュート気味でいいので、アウトコースのまっすぐをホームベースから左打席のベース寄りのラインの間に投げられるようにする**。それからインコースのまっすぐを練習したほうがいいと思います。アウトコースのまっすぐを投げられるようになれば、あとは腰を切れば勝手に腕が出てきて角度がつく。それでインコースのまっすぐも投げられます。

それに、**アウトコースのまっすぐと同じコースに投げる感覚でカーブを投げれば、それが曲がってインコースに行く。同じところに投げてアウトコースのまっすぐ、インコースのカーブというイメージで投げられます**。もちろん、インコースに曲がるはずのカーブが最初は真ん中にいってしまってもいい。アウトコースを狙って投げて、それ以上曲がらないなと思ったら真ん中に投げればいいですから。

特にピッチャーをやり始めの子の場合などは、やはり最初はアウトコース一本で練習したほう

がいい。インコースまっすぐから始めると、開いてきますし、逆に角度はつかないと思います」

外角へのストレートの投げ方が基本。それをマスターすることで、内角のカーブにも、クロスファイアにもつながる。いきなり勝負球から入るよりも、まずは基礎から。基本がなければ次に進めないし、元に戻る場所もなくなる。練習は一歩ずつ。焦らず、ゆっくりと進むことが必要だ。

弱者が強者に勝つために その38

基準となるのは外角ストレートと内角カーブ。目をつぶってもそこに投げられるようになるまで練習する

角度をつけられるようになったら、あとはタイミングをどう外すか。実際に打者とのかけひきになってくる。

「前で打たすのか、後ろで打たすのか。押し、引きですよね。これによってバッターのポイントがずれるのがわかればいい。具体的になればなるほどやりやすいと思います。球は遅くても角度、緩急、コントロールをつけられるなら、ちょっとタイミングをずらせる。外野フライとか内野ゴロで打ち取れます」

では、どうやって打者との間を崩すのか。

「例えば、足の上げ方ですよね。普通に上げたり、クイックで投げたり。**クイックで投げて遅い**

球ならバッターとしては嫌ですよね。もちろん、ゆっくり投げてピュッと来るのも嫌。ピッチャーからすると（クイックで）早く動いて速い球を投げてちょっとでも詰まらせたいと思うかもしれないですけど、バッターの気持ちからすると、ゆっくり動いてゆっくりの球、クイックで投げて速い球というのは準備して対応しやすい。クイックでカーブ、スライダー、抜いた球のほうが有効。クイックで変化球、ゆったりと軽く速い球を練習するように言いますね。

そういう意味でも、**ランナーなしからでもセットで投げさせます。**（足の上げ方の）使い分けができますし、結局、クイックで投げる場面のほうが多い。ランナーを出すのが大前提ですから（笑）。それに、球威があるタイプではないので、振りかぶって投げても変わらないですしね。ランナーがいるときは、セットの時間を長くしてタイミングをずらすのもいいと思います。バッターとの間をずらすだけでなく、ランナーに走らせないためには、牽制《けんせい》を投げる、投げると思わせて投げないほうがいい。牽制を投げすぎると走るタイミングを計られますからね」

もちろん、打者を惑わすのは投球フォームばかりではない。

「ツーシームで投げたり、縫い目にかけずにちょっと抜いたり。わしづかみで投げてもいいんです。**腕を振って球がいかないという感じを出したい。ちょっと球がいかないだけでも、バッターは嫌なはずです。**もちろん、たまにはフォーシームで目いっぱい投げても面白いですよね」

とにかく打者に気持ちよくスイングをさせないこと。同じコースに同じ球種でも、少し変化をつけることによって打者は打ちにくくなる。球威がないのだから、頭を使うしかない。

「ただ、工夫してやっていい部分とやりすぎて小手先に走ってしまう部分が難しい。そこの見極めをしっかりしないとダメだと思いますね」

松坂大輔（レッドソックス）はクイックなどの足の上げ方ではなく、フォーム自体の速さを変えて投げることもあるが、末光監督はそこまでは要求しなかった。

「そこまでですると崩れそうな気がするんですよね。リリースポイントとか微妙なところが変わってくると思うんです」

打者とのタイミングを外すため、とことん頭を使い、工夫をする。それでいて、そればかりにこだわりすぎないようにもする。このさじ加減は高校生では難しい。やはり指導者が見極めてアドバイスするべきだ。

弱者が強者に勝つために　その39

走者がいなくてもセットポジションから投球。クイックなど足の上げ方、クイックからの変化球などでタイミングをずらす

その40

握りを工夫し、同じ球種でも変化をつけてタイミングをずらす

この他、指導する際の注意点としていくつか挙げておきたい。一つめは、左対左の場合。

「木野下は結構左に投げにくそうにしていたんですよね。左のときに限ってフォアボールを出したりとか。そういうこともあって、**左対左のときは『角度を捨てろ』**と言っていました。左ピッチャーを相手にしたら、左バッターは苦手意識があるはず。なので、角度ではなく、高低だけでいいと。コースを狙うと真ん中に入ることもあるので、ワンバウンドの変化球。『**真ん中近辺の高めと低めだけで角度がつくから**』と言っていました」

左打者相手に投げにくそうにする左投手は意外といる。そういうときこそ、シンプルに「左投手のほうが有利なんだよ」と楽に投げさせてあげることが大事だ。

もう一つは、ひと冬越し、体力がついてきてからの考え方。春になり、スピードがアップすることによる落とし穴がある。

「『冬場に10キロアップしよう』といって練習しますよね。もちろん、いいことなんですが、**スピードが上がってもコントロールが悪くなったら意味がない**んです。１００パーセントで投げた球がどれだけ速くなっても意味がない。コントロールがぶれますから。それより、**コントロールがつ**

く七〜八分で投げた球が速くなるようにしたいですよね。高校野球には連投がつきもの。力投型のピッチャーで、1試合でも球威が落ちたときに打たれてしまってはいけません。やはり、球威がなくても緩急とコントロールがあれば抑えられると思います」

大事なのはスピードではなく角度、制球力、緩急。色気が出てきたときこそ、原点に戻らなければいけない。

投手以外にも注意しなければいけないことがある。それは周囲のチームメイトたちの気持ちだ。球威がないのは百も承知なのだから、ベンチも周りの選手も過剰な期待は持ってはいけない。常に走者が出ることを想定し、走者を出してからどう守るか。それを考えて普段から練習することが必要だ。

「**かけ声で『3人でいこう』とは絶対に言わせませんでした。『一人ずつもらっていこう』と。誰も三者凡退を期待していませんでしたから、三者凡退が続いてくると、『今日はすごいな』となってくるんです**（笑）。**それでムードもよくなりますよね。**

それに、**毎回ランナーを背負って点を与えないほうが、相手ベンチは嫌ですよね**。ランナーを出してから守ることが自分たちのペースだと思えばいいんです。もちろん、ランナーを出さないほうが楽ですけど、ダブルプレーを取るほうがいいこともありますしね」

事実、甲子園はその通りの展開になった。初戦の中越戦は木野下が緊張感を吹き飛ばす3回までパーフェクトの立ち上がり。これで波に乗り4回に2点を先制した。3回戦の沖縄尚学戦も木野下が五度の三者凡退イニングでムードを作り、不利といわれた前評判を覆した。対照的に、準々決勝の聖望学園戦は本来のペース。9イニング中六度得点圏に走者を進められながら失点は初回の1点だけ。チャンスをつぶし、相手が嫌なムードになったところにつけ込んだ。9回も聖望は無死から走者を出しながら二人続けてバント失敗（二人目のフライは木野下がダイビングキャッチして併殺）。その裏、ショートの一塁悪送球（記録は内野安打）と死球でもらった好機に木野下が自らセンター前にサヨナラ安打を放った。

何ができて、何ができないのか。では何をすればいいのか。身の丈をわきまえることでプラス要因を作り、マイナス要因をプラスに変えたことが快進撃を生み出した。

弱者が強者に勝つために その41

左対左は角度を捨て、高低で勝負

弱者が強者に勝つために その42

スピードが増しても制球力がなくなっては無意味。投球はあくまで七〜八分。制球力を大事にする

身の丈をわきまえ、できないことは求めない。期待しないことが起きたときはここぞとばかり盛り上がり、ピンチでの守りは流れを変えるチャンスのつもりでプラスに考える

左投手が有利。それはわかっていても、弱者には左投手が入学してくることは少ない。たとえ入学してきたとしても、中学時代にエースだった投手はほぼいないだろう。だからといって、左がいないと嘆いてみてもしかたがない。極端な話、左利き全員に投手をさせて適性をみるしかない。ちなみに、木野下も門真《かどま》シニア時代は控え投手だった。

「ピッチャーにする条件としての一番は性格でしょうね。能力ももちろん大事ですけど、それよりも精神的なもののほうが大きい。それを見極めたほうがいいと思います。球がそこそこで、体力があって、気持ちが弱い子なら、球がたいしたことなくても、体力がなくても、気持ちの強い子のほうがよくなる可能性は高い。体力はつけていけばいいんです。

やっぱり、**粘り強くやりきれる気持ちの強い子じゃないとダメだと思いますね。**人間的には変わっていてもいいんです（笑）。木野下も『宇宙人』でしたけど、頭を真っ白にして、場面関係なく、これをやりますというのができる子でした。『オレはこれでいく。これでダメならしゃあない』ぐらいの気構えが必要。**弱い子、すぐあきらめる子は絶対無理でしょうね**」

では、投手を始めたとして、試合で投げられるための条件とは何だろうか。

「**試合で投げるには、やはりアウトコースのまっすぐとインコースのカーブ。これをしっかり投げきれるかでしょうね。**ストライクを投げられるか。目をつぶっても投げられるぐらいまでになるのが理想です。それで試合に投げれば、それだけでもそこそこ抑えられると思います。あとはそれを自信にしていけばいい。

これができてきたら、チェンジアップやシュート、フォークなど抜くボールを練習する。カーブと違う方向に抜けるボールがあったら、幅が広がりますからね。もちろん、最初からブルペンで投げる必要はありません。キャッチボールのときに遊びながら投げてみる。いきなりブルペンで抜くボールを練習すると、他もぶれてきます」

くり返しになるが、あくまで基本は外角ストレートと内角カーブの組み合わせ。優先順位を間違ってはいけない。

「アウトコースのまっすぐを投げられないのに、先に抜くボールを練習するとまっすぐがぶれてきます。なんだかんだ言っても、**球が遅くてもまっすぐが主体だと思います。**それさえ忘れなかったらいい。変化球投手だからといって、ついつい変化球だけになってしまうんですが、それだと何が中心かわからなくなってバラバラになってしまいます。**遅くてもまっすぐのコントロールと切れを意識することを絶対忘れたらダメ。これをやっておけば、インコースのまっすぐを投げたときに遅くても見逃し三振が取れるんですよ**」

最後に、改めて軟投派の左投手を作るポイントとは何だろうか。
「アウトコースのまっすぐとインコースの変化球。ちゃんとしたものを確立させておかないと全部探しだしてしまうと思います。それこそ、ピッチャー経験のない子はそこで迷いが出てきてしまう。ピッチャーとして、ブルペンではどういう気持ちでどうあるべきかを教えてあげないといけない。ブルペンで勝負をかけられるように。ブルペンを大事にできないピッチャーはダメだと思います。

あとは、指導者が理想を与えて、そのイメージ通り練習から求めさせることが大事。『頑張れ、頑張れ』というのはダメ。『スピードアップはいらん。もっと遅いボールを投げろ』とやるべきことを言い続けることが必要だと思います」

甲子園でも自分の持ち味を忘れず、愚直に基本をくり返した木野下。報道陣に球の遅さについて質問されても、「遅いほうが自慢になります」と

03年夏の甲子園で好投した木野下優投手。ベスト4進出に貢献した。

ぶれることがなかった。徹底してストレートを外角に、変化球を低めに集めた結果、33イニングで被安打21、9奪三振、10四死球で4失点。防御率1・09と抜群の安定感を見せた。島根県大会（34）とほぼ同じイニング数を投げ、奪三振こそ13減ったが、被安打は11、失点も6減らした。甲子園は外角のストライクゾーンが広いうえ、打者は気合が入っていつもより〝打ちたがり〟になる。木野下にとってはおあつらえ向きの場だといっていい。大舞台でも色気を出さず、自分の投球に徹したことが、全国の高校野球関係者に夢を与える快投につながった。

弱者が強者に勝つために その44

投手をやるために最も重要なのは性格。粘り強くやりきれる気持ちの強さが必要

その45

常に基本を大切に。基本を完璧にやり続ける

その46

変化球投手でも、主体になるのはストレート。遅くても、ストレートの切れと制球力を磨くことを忘れない

第6章

東農大二・加藤綾投手からのアドバイス
「遅球のエース」を目指せ！

加藤 綾

かとう・りょう

1991年8月12日生まれ。投手。175cm、71kg。左投左打。小4の時、渋川キングファイターズに入団し本格的に野球を始める。渋川北中では野球部（軟式）に所属。東京農大二高（群馬）では1年夏からベンチ入りし、2年秋からはエースナンバーを背負う。3年夏の甲子園（2009年）に出場し、初戦（2回戦）の青森山田高戦では延長10回を投げ切り1失点完投勝利。3回戦の立正大淞南高（島根）戦では4失点で敗退。卒業後は東京農大に進学。

2009年夏の甲子園。〝遅球〟で注目されたサウスポーがいた。

初戦で6年連続出場の青森山田を延長10回6安打1失点に抑えた東農大二（群馬）のエース・加藤綾だ。この試合では最速132キロをマークしたものの、ほとんどが120キロ台。全119球中、130キロ以上はわずか2球だった。

加藤相手に4打数無安打に封じられた青森山田の4番・呉知佐勇《ごちさお》は、試合後にこんなコメントを残している。

「球が遅いから引きつけることができず、開いてしまった。緩く、緩く来たので、ストレートが速く見えました」

呉に対しての最速は127キロ。それでも「速い」と言わせる。加藤の真骨頂だ。だが、この加藤にしても、3年間の道のりは平坦ではなかった。多くの高校生と同様、「速い球を投げたい」という欲望があったからだ。どう気持ちを切り替え、何を意識して取り組んできたのか。〝遅球のエース〟を目指す全国の球児へ向け、加藤本人の口から語ってもらった。

〝遅球〟が持ち味の加藤だが、もちろん入学時から〝遅球派〟を目指していたわけではない。むしろ、目標は速球派だった。

「小中学校のときは、今と違って周りと比べると球が速いほうでした。中学3年のときは、軟式で122～123キロは出ていましたし。ストレートで押して、三振を取るようなピッチングをしていました。高校に入っても、できればストレートで押していきたいという気持ちがありました。140キロ投げたいという夢がありましたね。

そんな感じだったので、球を速くするにはどうしたらいいかと、そればっかり考えてトレーニングもピッチングもしていました。トレーニングでは、まず肩周りの筋肉をつけようと考えました。松坂（大輔）さんとか、球が速いピッチャーはみんな体格がいいじゃないですか。それで、筋肉をつけなきゃいけないのかなと。そうすれば、腕の振りも速くなると思ってやっていました。ところが、鍛えてもなかなかそれが球速につながらない。うまくいきませんでした。逆に、筋肉がないほうが、腕がしなって速く振れるとわかってから、あまり筋トレもしなくなりました。ピッチングでは、とりあえず思い切り投げているだけでした。思い切り投げていれば、腕の振りが速くなるかなと思ったんです。球を速くするには、腕の振りを速くすればいいとずっと思っていた。腕を速く振るにはどうしたらいいかをずっと考えてやっていました」

ひたすらスピードアップを意識して練習した。だが、いっこうに球速は上がらない。うまくいかないことで、気持ちが態度に出てしまうこともあった。

「球が速くなる自信はありました。135キロぐらいはいけるだろうと。でも、スピードガンの数字を聞いても速くなっていない。何で速くならないんだとイライラしていた時期もありました。（2年秋の）新チームに切り替わったころは、一番イライラしていて、練習に身が入らないときもありました。そのころはまだ速い球を投げられると思っていたんです。でも、思ったより、全然自分が伸びていない。それでイライラしちゃって、練習中もうわの空みたいな感じでした。しかもピッチングになると、逆に考えすぎてフォームを崩してしまう。そのころが一番ひどかったと思います」

目指していたのはあくまで速球派。だが、思うように球速は伸びない。それに加え、捕手がワンバウンドを後逸すれば態度に出し、満塁にすると必ず押し出しという精神面の弱さもあったため、加藤秀隆監督からは「ヘタレ」と言われ続けた。

「ずーっと言われていましたね。私生活ではそんなことないんですけど、野球になると切れやすい。感情的になって、うまくいかないとすぐ表情に出ちゃうんです。ずっと見返してやろうという気持ちでやっていました。試合でも、そう言われるのが嫌だったので、表情に出さないように、頑張って意識しましたね」

新チームではエース。チームの勝敗が自分にかかってくるようになり、ようやくこのままではいけないと思い始めた。

「考えが変わったのは、自分の代になって、ほとんどの試合を自分が投げるようになってきてからですね。全然球も速くならないし、勝てない。変化球が決まらなくて、まっすぐしか使えないときはポンポン打たれました。まっすぐが速くないのに、まっすぐで押していくのは無理だなと限界を感じました。

逆に、変化球で緩急が使えるときはまっすぐが生きていた。どうしたら自分の球でも勝てるのかと考えたときに、まっすぐより、さらに遅い球を使って、遅い球でまっすぐをどう速く見せるかというのを考えて投げるようになりました」

2年秋の段階での球種はストレート、カーブ、スライダーのみ。左打者に対しては困らなかったが、右打者に対しては外角のストレートに頼らざるをえない。だが、その中でも、加藤は頭を凝らした。同じストレートでも、全力とそうでないのとを変える。力の入れ具合を工夫した。制球力とスタミナを考えると、全力で投げる速いストレートは必要ないと気づいたからだ。

「**コントロール重視で投げるときのまっすぐと、見せ球で高めに浮かす球の力配分は変えて投げていました。**もともとそんなにコントロールは自信がないんです。**7~8割で投げると10球中8~9球は狙ったところにいくんですけど、思い切り投げちゃうと半分かそれ以下になっちゃうので。それに、思い切り投げたら135キロは投げられるかもしれないですけど、1試合となるとちょっと無理です。全部全力投球になっちゃうんで**」

球の切れ、制球力、スタミナの面から、よく「7~8割で投げろ」とは言うが、まさに〝言うは易く行うは難し〟。ほどよく力の抜いた感覚を身につけるために、加藤はこんな練習をしていた。

「キャッチボールのときから意識していました。塁間ぐらいなら、7~8割で投げても届く距離なので、そこで思い切り投げてみて、そのあとに力を抜いてみて、キャッチャーに『どっちのほうがよかった?』と聞いていきました。自分でも、もう少し力を入れたらどうかなとか考えていって、どのポイントで力を入れればちょうどよく7～8割で力が入るのかと。やっぱり自分でつかんでいくしかないと思います。

練習するのは、はじめに思い切り投げて、徐々に力を抜いていくほうがいいと思います。軽く投げてからだんだん力を入れていくと、自分のMAXがわからないじゃないですか。どこらへんが上限なのかわからないと、どれぐらいがちょうどいいかもわからないと思います」

力の抜き具合がわかったら、あとはそれを実戦で使う。加藤の場合は、ときにハーフスピードのストレートも使うことがあった。

「変化球とは別で、打ち気をそらしたいときは5～6割で軽く投げることもあります。スピードでいうと115キロぐらいですね。そのスピードだと、真ん中に行っちゃうとやっぱり持っていかれちゃうので、しっかりと低めに集めないとダメだなというのは勉強しました」

弱者が強者に勝つために その47

自分のMAXを知るために塁間の距離で思い切り投げ、徐々に力を抜いて7～8割の力配分をつかむ

【加藤秀隆監督の証言】

「秋の大会は右バッターに対してアウトコース一本やりでした。その理由としては、インステップしていたこと。もう一つは、秋はアウトコースに投げればそんなに打たれないというのが基本にあったからです。キャッチャーにも言って、『秋は外に投げられればいいから。外中心で組み立てよう』と話しました。放っておくと、インコースの練習をしたがる。なので、練習試合ではキャッチャーに外中心の組み立てをさせました。

加藤はもともとアウトコースに投げるのは得意なんです。インステップでそのまま投げるとアウトコースにピシャッといきますから。秋は外のコントロールがすごくよかった。外のベースの角で出し入れしていましたね」

外角中心の投球ながら、秋の群馬県大会ではベスト8に進出。だが、やはりそれだけでは右打者に対して限界がある。0対1で敗れた高崎商戦でも、打たれたのは右打者二人にだった。そこで、冬からはまずインステップの矯正に取り組んだ。投球練習をする際、今まで踏み出していた位置にロジンバッグなどを置く。障害物を踏まないように意識したうえで、理想とする踏み出し位置にステップするようくり返した。

「やはり秋の大会以降に**インステップを直したことが大きかったですね。なぜインステップを直そうと思ったかというと、右バッターのインコースにクロスファイアがきちっといくようにもっていきたかったんです。**（インステップが直り）まっすぐがインコースにいくようになったら、スライダーもそこにいくようになりました。そこで、もう一つ右バッターを打ち取るボールがほしくなった。じゃあ、遅い球だということでチェンジアップに取り組ませました」

右打者の外角がクリアできて内角へ。江の川（現・石見智翠館）の木野下優（第5章参照）と同じ順番だ。左投手イコール右打者へのクロスファイアというイメージがあるが、いきなりそこから始めるのはやはり得策ではない。

「自分の中では、**順を追ってやってきたつもりです。最初は右バッターのアウトコース。次にインステップの矯正。三番目に右バッターのインコース。最後に右バッターの外へのチェンジアップですね。**加藤は走るのは好きじゃないですけど、ピッチングは好き。そういうことにはうんとこだわってやっていましたね」

背伸びをせず、順を追って徐々に課題をクリアしていく。ひと冬練習して、最後に緩いチェンジアップを覚えたことで投球の幅が格段に広がった。

「彼のいいところは球速差。それに全部の球種が全部低めにいくんですね。バッターが球種で絞っても、カーブ、スライダー、チェンジアップと変化球が三つあるのでつらい。カーブもうまく使いますからね」

あとは、試合で結果を残すだけ。やはり、抑えることが自信につながる。

「彼は打線のいいチームとやると打ち取るんです。105キロのチェンジアップは練習しないですよね。しかもひざ元で揺れますし。練習試合でも佐久長聖（長野）、新潟明訓、作新学院（栃木）、春の大会でも前橋商（群馬）、横浜（神奈川）と強いチームほどランナーが出ないし、点を取られない。やっぱり、**結果が全てだと思いますね。遅い球で打ち取れるという成功体験が積み重なって、『これでいける』と本人が思う。**いくらこちらが言っても、本人は速いピッチャーになりたい。ストレートも投げたいし、インコースでズバッと見逃し三振を取りたいというのが頭に絶対ありますから」

求めることの順番を間違わず、結果が出るのを待つ。それが指導する際のポイントと言えそうだ。

弱者が強者に勝つために その48

投手も指導者も順番を間違わないことが大切。指導者は慌てずに結果が出るまで待つ姿勢が必要

右打者へのインコースへ投げるにあたり、インステップを矯正したことは大きかった。

「直したら、腰が回りやすくなりました。インステップで調子の悪いときは腰が回らなかったので。どんな調子のときでも、腰が回るようになったのはよかったですね」

練習ではブルペンから常に打者に立ってもらって投げ込んだ。

「インコースはバッターを立たせないと感覚がわからないので。**バッターボックスのラインとホームベースの間を狙って投げるようにしていました。**インコースはほとんどストライクはいらないものですし、もし引っかかってしまったら（打者に）当ててもいいぐらいの気持ちで思いっ

きり腕を振っていかないと、ボールも行かないし、コントロールもそこに行かないので。キャッチャーにも（ストライクゾーンより）ちょっと外してそこ（ラインとベースの間）に構えてもらいました。すれすれのところに投げるぐらいの気持ちでいれば、ストライクを取りにいくときも広く見えると思います」

制球力よく投げるには7～8割で投げたほうがいいが、内角に投げるときは別。全力ではないが、少し力を入れて投げるようにしていた。

「インコースの抜いた球は、泳いでも前でとらえられたらライン線に飛んじゃうんで、**投げるときは8・5割から9割ぐらいの力配分で投げていました。インコースは詰まらせるぐらいのつもりで投げないとダメだと思います**」

球威がない分、内角を狙って甘く入ったときの怖さはつきまとう。だが、それでも内角に投げられなければ、強打線を打ち取るのは難しい。

「バッターもインコースがないと恐怖心がないので、踏み込んでこられます。やっぱり、踏み込んでこられると、ちょっと甘く入るだけで簡単に打たれてしまう。軽く当てただけでももっていかれてしまいます。インコースを突いて、踏み込めないような状態にしておかないと外にもいけないと思います。右バッターには基本がインローなんで、そこに投げられないとピッチングは始まらない。それに、自分の球速でも、インコースにしっかり投げれば詰まらせることもできますから」

だが、ここで注意したいのが体の開き。左投手でプレートの一塁寄りを踏んでいる場合、右打者の内角へ投げるには角度的にやや開くことになる。この練習ばかりくり返すと開く練習をしていることにもなりかねない。外角へ投げる練習をうまく混ぜるなどして、開かないように気をつけることが必要だ。加藤の場合は、右腕を意識することによって開きを防止していた。

「開いたら見やすくなってインコースの意味がないので。自分の感覚で言うと、**右足を着いて、自分が我慢できなくなるぐらいずっと右手（の壁）を保って、我慢できなくなってから解放する感じです。最後の最後まで我慢するように意識して、腰の回転で投げるようにしていました**」

加藤のフォームは、後ろが小さく、打者から見ると腕が隠れる。打者からすると、球の出所が見えづらい。これもまた、球速がないのにもかかわらず打ちづらい要因になっている。

「小学校のとき、一回ひじを壊しちゃったんです。それから、ひじに負担がかからないように考えました。**イメージとしては、小さくスッと上げる感じ。ひじから上げてきて、円を描いて投げるというのをイメージしてやっていたら、自然と体の後ろに隠れて出てくるようになりました。**出所が見づらく、タイミングが取りづらいとはよく言われます」

開かず、見えづらいフォームで右打者の内角へ投げ込む。左の〝遅球投手〟にとって、これができるかどうかが大きな分かれ目になる。

弱者が強者に勝つために その49

内角へは開かず、腰の回転で投げる

その50

球の出所が見えにくいよう工夫する

次に変化球。カーブ、スライダーを投げる際に加藤が考えていたのはこんなことだ。

「最初は、低めにいけばいいという考えですね。低めは本当に意識して、もうワンバンになっても、ショーバンが何球続いてもいいぐらいの感じで感覚をどんどんつかんでいくようにしました。キャッチャーにも低く構えてくれとお願いして、低めぎりぎりのところに構えてもらっていました。

低めに集まってきたら、今度は**曲げるポイントを意識しました。狙いどころとして、自分で目標物を探しました。目標物はいつもあるものじゃないとダメ。そこでベースのどこを狙ったらどこにいくのかを考えて練習しました。**（右打者の）アウトコースの端の手前、奥、真ん中の手前、ど真ん中、奥とやっていって、ポイントを見つける。自分は真ん中のど真ん中に落とすと、ちょうどよく右バッターのひざ元に曲がるという感覚。そういうのを見つけると投げやすいと思います。

あと、これは工藤（公康＝西武）投手が言っていたんですけど、**変化球は軌道をイメージするのが大事**。自分は、モーションに入ったときに想像して、だいたいの軌道を描いてから投げるようにしていました」

そして、最後にマスターしたのがチェンジアップ。秋の大会が終わってからひと冬かけて練習した。

「チェンジアップがないと右バッターに決めにいく球がないので、やっぱり厳しかったですね。右バッターから三振を取ろうと思ったら、インコースにいい球を投げて見逃し三振ぐらいしかなかったので。（秋が終わって）外に逃げる球がないといけないとは思っていたんですけど、まだ何を投げようか迷っていました。そんなときに加藤先生に『チェンジアップを練習しろ』と言われて練習するようになりました。それまでも、他の変化球もいろいろ試したんですが、全然変化しなくて、チェンジアップを投げたら、最初でいきなり落ちたというのもあります」

握りは基本のものを教えてもらい、あとは自分で研究した。現在の握りにたどりつくまで4種類の握りを試している。投げ始めはキャッチボールから。その後、徐々にブルペンで試投していった。

「**自分の握りは他の人がやっていないようなものだと思います**。最初は普通にサークルチェンジだったんですが、これだと抜けすぎちゃってうまくいきませんでした。それでベタ握り（わしづかみ）にしたんですが、今度は押さえすぎかなと。それで中指を上げてみたらちょうどいい力具合で投げられたんですけど、まだひっかかりすぎたと思ったんで、うまく抜けるように薬指と小

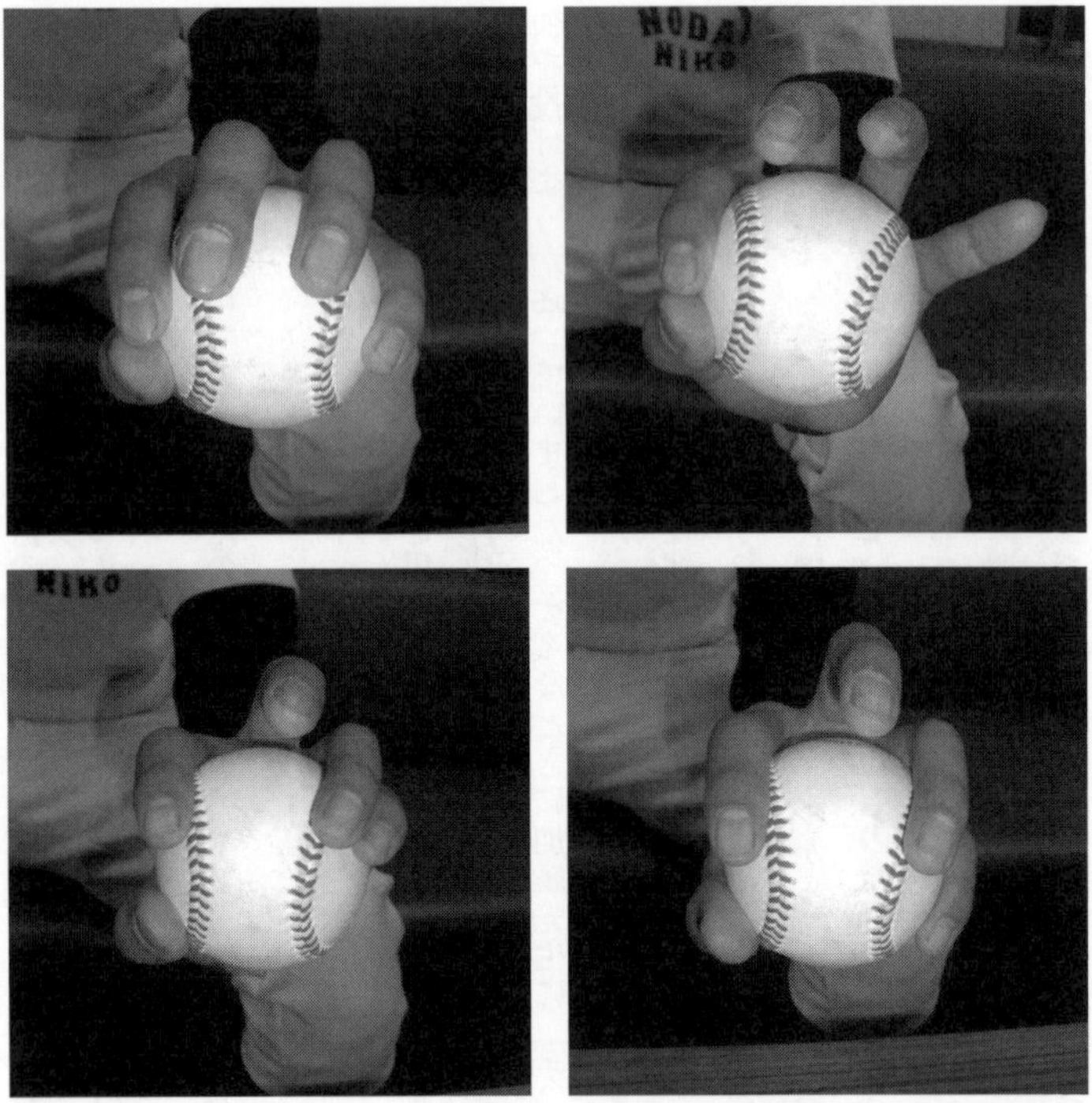

加藤投手はこのように、チェンジアップの握りを４種類、試してみた。いくつか投げてみて、自分のフォームに合ったものを会得してほしい。

指をくっつけて投げるようにしたら結構決まるようになりました。

慣らすのはキャッチボールなんですけど、マウンドの距離じゃないと変化の具合がわからないじゃないですか。なので、ブルペンでの立ち投げから投げるようにしました」

初めはうまく抜けなかったが、投げる瞬間にある意識をすることでコツをつかんだ。それをつかんでからは、右打者の外角低めに確実に逃げながら落ちるようになった。

「最初はうまく抜けなくて、だいたいがワンバンでした。そんなときに、『**リリースのときに窓を拭くように投げるとうまく抜ける**』と聞いたんです。試してみたらさらに逃げていくようになって、右バッターにはいい球になりましたね」

抜こう、抜こうとするよりも、窓を拭くイメージ。これを意識するだけで劇的に変わった。あとは、これを狙ったところにコントロールするように練習するだけだ。

「初めはピッチングの半分以上チェンジアップを練習していました。気に入らなければ、予定の球数を増やしてやっていましたね」

ただ、ここでは注意が必要だ。チェンジアップのように抜くボールばかり練習していると、今度はストレートまでも抜けてしまうようになる。

「（ストレートが抜けるのは）最初のうちはありましたね。ひっかかってシュート回転したり、インコースに全然いかなくなったり。インコースを狙っているのに、アウトコースから真ん中あたりにいってしまっていました。**チェンジアップばかり投げていると、もともと遅い球が余計いかなくなる。**そうすると、（ストレートとチェンジアップが）一緒になっちゃうんですよ。

それではダメなので、途中からはチェンジアップ2球のうち1球ストレートを投げるようにしました。アウトコースにチェンジアップを2球投げて、その次はインコースのストレートという感じですね。コンビネーションを考えて練習してからは、試合ではそんなに抜けることもなくなりました」

右打者の外角へのチェンジアップが自信を持って投げられるようになると、左打者のひざ元へ落ちるチェンジアップも練習した。

「左バッターへも落とすポイントは同じです。左バッターは外、外に投げたあとにひざ元へチェンジアップが来ると見えなくなる。消えたイメージになるみたいで『ボールが追えない』と言われたことがあります」

ただ、やはり左打者へ投げるのは死球の危険性がつきまとう。

「右バッターへのストレートと左バッターへのチェンジアップだと、左バッターへのチェンジアップのほうが怖いですね。抜ける確率が高いんで。ただ、真ん中に入っても、チェンジアップなら変化しているんで、結構ゴロになる。インコースにしっかり投げようと思ったときに抜けちゃうことがあるので、あまり狙いすぎず、とりあえず、低めに落とそうというイメージで投げていました」

弱者が強者に勝つために その51

目標物を決め、自分の曲げるポイントを覚える

その52
自分に一番合うよう握りを工夫する

その53
チェンジアップはリリース時に窓を拭くイメージで

その54
抜いた球のあとのストレートが抜けないよう、投球練習から準備する

遅い球を投げる以上、制球力は欠かせない。制球力アップのため、加藤はこんな練習をしていた。

「まっすぐは10球中8球決まるまで投げます。スライダー、カーブは10球中6球。チェンジアップは10球中8球ですね。まずは内角低めのまっすぐから始めて、10球中8球決まったらコースを変える。内角低めのまっすぐ→外角低めのまっすぐ→内角低めのスライダー→外角低めのスライダー→内角低めのカーブ→外角低めのカーブ→外角低めのチェンジアップ（すべて右打者を想定）

の順番でやっていました。それによって球数を300~400球投げようと関係ない。何球も同じように投げられるコントロールをつけたほうがいいと思います」

制球力がつけばパワーヒッターも決して怖くない。むしろ、〝遅球〟はパワーヒッターにこそ真価を発揮する。09年の公式戦で加藤が対戦した中でプロ入りした打者は二人いたが、いずれの打者からも3球三振を奪っている。

一人目は横浜ベイスターズにドラフト1位で入団した横浜の筒香嘉智。春の関東大会で対戦し、外角スライダー、外角スライダー、外角ストレートで全て見逃しの3球三振に斬って取った。

「あれはホント、自分でもびっくりしました（笑）。うれしかったですね。思い切りよくいけたのが一番だと思います。2ストライクに簡単に追い込んだので、筒香も1球外してくるだろう、勝負球も変化球だろうという頭があって手が出なかったんだと思います。自分も思い切りストレートでぎりぎりを突いて、外れてもいいぐらいの気持ちでした。思い切りといっても、力は8割ぐらい。一番ボールがいく力で投げて、一番厳しいところに投げようと思って投げたら、うまく決まってくれましたね」

二人目はヤクルトに育成枠で入団した青森山田の曲尾マイケ。夏の甲子園で対戦し、外角ストレート（ファウル）、内角ストレート（空振り）で追い込んだあと、ワンバウンドの外角チェンジアップで空振り三振だった。

「計算通りの三振の取り方ですね。以前は高めのストレートでバーンと振り遅れて三振が気持ちよかったんですけど、最後のほうになると**チェンジアップとか遅い球で崩れながら三振を取るのがうれしくて、すごく気持ちよくなっていました。完全に読みを外して、ちゃんとしたスイングをさせないときの気分は何ともいえなかったですね**」

加藤の変化球の球速はスライダーが114キロ、チェンジアップが105キロ、カーブが98キロ程度。最後の夏あたりになると、「もっと遅いカーブを投げてやろうと思っていました」。遅い球でも、制球力があれば十分に勝負できる。うまく緩急を使えば速く見せることもできる。プロ入りするような強打者から三振も奪えるのだ。

この他、石見智翠館の末光章朗監督が木野下優に意識させていたことを加藤にも聞いてみた。

①角度について

「インコースに鋭い角度で通すイメージは持っていました。(プレートの一塁寄りを踏んでいるため)右バッターの外は遠くに見えないのではと、最初のうちはプレートを踏む位置を三塁寄りにしたこともあったんですが、自分の場合、それをやるといくコースがバラバラになってしまった。今までいっていたのにそこにいかなくなってしまいました。

ただ、調子によって、プレートの一塁寄りから投げて、インコースに投げたつもりが真ん中にいってしまうときは、ちょっとプレートの位置をずらしてそこへいくようにというのはやっていました」

プレートを踏む位置で角度を変えるには練習が必要。もちろん、プレートの位置を変えずに角度を意識することも必要だ。

②三者凡退は無理

「もちろん三者凡退は取りにいくんですけど、全部パーフェクトに投げられるわけはない。打たれてもしょうがない、打たれて当たり前ぐらいの気持ちでいました。一塁に出ても、まだ点は遠い。三塁に行かなければ、外野の間を抜けなければ点は入らないという気持ちでやっていたので、ランナーを気負うことなく投げられましたね。

ただ、自分は送りバントで塁を一つあげたくないんですよ。送りバントでセカンドでアウトにすればいいと思っていました。フィールディングには自信があるんです。小学校のときのコーチが左ピッチャーだった人で、練習が終わってからも一人で練習していました。左ピッチャーは三塁側が弱いので、投げて全力で追っていって、捕ってからどれだけ早く投げられるか。素早く投げるというのをずっとやっていたらうまくなりましたね。ピッチャーでも、守備練習などで速投（捕ってからすぐ投げる）をちゃんとやっておいたほうがいいと思います」

③クイック

「牽制《けんせい》はそんなに得意じゃないんです。刺せないなと思ったら、クイックで牽制して、クイックで投げる。できるだけ走られないように意識してはやっていました。**ピッチングでも、足を上げるのと、クイックは同じぐらいの数をやっていました。クイックでも全球種練習していましたね**」

④走者なしでもセットポジション

「自分はワインドアップで投げていました。これは球を速くしたいとかではなくて、自分のリズムなので。あれが一番入っていきやすいリズム。リズムが狂うとバラバラになっちゃうんで。ただ、本当にダメなときは無駄がないようにセットで投げていました」

こうしなければいけないというのはない。木野下、加藤を参考に自分流にアレンジして〝遅球左腕〟を目指そう。

弱者が強者に勝つために その55

投手も守備練習は大事。速投も欠かさずやる

その56

クイックの練習は必須。全球種投げられるようにする

最終的には〝遅球のエース〟となった加藤だが、実は最後までスピードをあきらめきれていない自分もいた。

「速球投手になりたいという気持ちは今でも頭の片隅にはあります。甲子園が決まったときも、『甲子園のスピードガンは5キロ増しだから130後半は出るぞ』ぐらいに言われていて、自分でもその気になっていたんですけど、1球目でそれはあきらめました。121でしたから。そこだけはしっかり覚えているんです。『あ、正しいんだな』と(笑)。

ショックでしたけど、すぐ頭を切り替えました。投げても140とか絶対出ないんで、だったら遅いほうがいいかなというのはありましたね」

最後に、加藤から全国の〝遅球左腕〟にアドバイスを送ってもらった。

東京農大に進学した加藤投手。神宮球場での活躍を目指して毎日頑張っています

「最初はみんなあきらめがつかないと思うんですけど、もし最初からあきらめられるんだったら、**まずは一球一球のコントロールを磨くことだと思います。コントロールを磨いて、自分なりのパターンを1個か2個作ったほうがいい。**コンビネーションで絶対的なパターンがあると強いじゃないですか。そのままでも、しっかりとしたピッチングができる

状態を作ることが一番にやったほうがいいことだと思います。

変化球は軌道を描くこと、うまく抜ける投げ方、握りを練習すること。キャッチボールから思い切り腕を振ることが大事。そういうときから軽く振っていたら、それでしか投げられないので。思い切り投げて抜くだけならネットスローとかでも練習できるんで、そうやって感覚をつかんでいくしかないと思いますね。

自分が自信を持っている球を打たれたらしょうがない。速い球だから打たれないという保障もないですし。遅くても、自信ある球を打たれたら、打者が上と思うしかないと思います。自分はもともと気が強いというのもあるかもしれないですけど、遅い球を投げるのにビビることはなかった。打たれたらしょうがないというぐらいの気持ちで、逆に開き直って思い切り投げたほうが腕がうまく振れて切れよく低めに決まると思います。

やっぱり、**ビビッてちゃ遅い球は投げられない。**それが一番言いたいことですね。遅い球だからって腕を緩めるわけじゃなくて、思い切り腕を振ることが一番大切。抜いて遅くするというのが大切だと思います」

これだけのアドバイスをしてくれた加藤だが、携帯電話のメールアドレスには高校野球引退後もしばらくは最速140キロを表す「mx―140」の文字があった。やはり、速い球へのあこがれは捨てられないものなのだ。

〝遅球のエース〟になるために――。

スピードへの意識を捨てることが最も難しいことなのかもしれない。

弱者が強者に勝つために その57

制球力を磨き、自分なりの打ち取るパターンを作る

その58

ビビらないことが一番大事。思い切り腕を振って遅い球を投げる

その59

スピードへのこだわりを完全に消す

第7章

徳島商・森影浩章監督が語る

球速のない右投手ならサイドかアンダースローに！

森影浩章

もりかげ・ひろあき

徳島商高監督。1963年5月29日生まれ。徳島商高－日本体育大。高校時代は中堅手としてプレーし、81年夏の甲子園に出場。大学卒業後、那賀高、富岡西高を経て98年から小松島高監督に。春3回、夏1回チームを甲子園に導いている。2010年春、徳島商高へ異動。保健体育科教諭。

たった四人――。

2004年以降に夏の甲子園初出場を果たした43校のエース格投手のうち、右のオーバーハンドで球速135キロ未満の投手の数はこれしかいない（P163の表参照）。それらの投手が勝ち抜いた県を見ると、三重、宮崎、富山、鳥取。夏の甲子園での47都道府県別勝率でいうと、宮崎こそ4割6分3厘で27位だが、鳥取が3割6分で39位、三重が3割3分8厘で41位タイ、富山が2割8分6厘で46位といずれもワースト10に入るレベルの低さだ（09年第91回大会終了現在での成績）。140キロを投げる投手が当たり前のように出る時代になった現在、135キロ以上出ない右の上手投げでは、弱者が夏の甲子園に出場することは限りなく不可能に近いといえる。

ところが、135キロに満たない右投手でも勝てる投手がいる。それは、サイドスロー。同じスピードのない右投手でも、横から投げるだけで勝てる可能性が広がる。04年以降、右のサイドスローで甲子園初出場を果たした6校のエースのうち、135キロ未満は三重、東東京、長野、山口代表の四人。夏の甲子園での都道府県別勝率でいうと、東京は5割5分3厘の13位、山口は5割3分4厘の16位タイで、全国大会での勝率5割を超えるレベルの高い地区でも勝ち抜いていることがわかる。

ちなみに、常総学院（茨城）の木内幸男監督は、夏の甲子園で優勝した二度とも横手投げ投手を用意していた。1984年の取手二では左横手の柏葉勝己、03年の常総学院では5試合で防御率0・40と好投した右横手の飯島秀明。01年のセンバツ優勝時も右横手の平沢雅之が準々決勝で

6回無失点と好救援するなど、木内野球にサイドスローは必須。勝つための絶対条件になっている。

では、なぜサイドスローなら勝てるのか。指導する際のポイントは何か。小松島時代、春3回、夏1回と合計4度の甲子園を全てサイドスロー投手で経験している〝サイド作りの名人〟徳島商の森影浩章監督に解説してもらった。

森影野球の「サイドスロー遍歴」は今に始まったことではない。日体大を卒業してすぐに赴任した那賀で四国大会に出場したときはMAX110キロ台の左サイドスロー、2校目の富岡西で四国大会に出場したときも右のアンダースローだった。

「高校野球では、130キロぐらいのストレートが一番打たれるのではないかと思うんです。腕を下げたり、横にしたりすることによって、スピードが10キロも落ちるならそうしようとは思わないですけど、4～5キロだったら体感もそんなに変わらないから、下げたほうがいい。それプラス、（腕を下げることによって）コントロールがよくなるかがポイントだと思います。**高校野球で、球威で抑えられる投手ではない場合は、コントロールが必要。体感スピードがそんなに変わらず、コントロールがアップするのであれば、腕を下げたほうが勝っていける可能性が高い**かなというのが自分の中にあります。腕を下げれば、オーバーで投げているときと比べて、左右のバラつきはありますが、高低のバラつきは少なくなります。それと、バッターとのかけひきや緩急はサイドやアンダーのほうがつけやすいと思います」

だからといって、上から投げていた投手に突然「お前、球遅いから横から投げろ」と言っても納得しない。なぜ、横から投げたほうがいいのかを本人にわからせることが必要だ。

「本人のやる気がないと無理。納得して下げないと無理でしょうね。そのためには、うまくだますことも必要だと思います。『こうなったら素晴らしいよ』と声をかけたり、本人とのかけひきで下げさせることもありました」

オーバースローで投げていて、ストライクが入らない、よく打たれる投手がいるとする。それが、腕を下げたことによってストライクが入るようになったり、試合で抑えたりすれば、それが自信になる。そうなればこっちのもの。伸び率はそこから一気に上がっていく。

弱者が強者に勝つために その60

高校野球で最も打ちやすいのは130キロ程度のストレート。腕を下げても5キロ程度しか球速が落ちず、制球力がアップするなら下げるほうが得策

では、横手投げや下手投げに向いているのはどんな選手なのか。そのための条件などはあるのだろうか。

「**アンダーやサイドというと、下半身が強くないといけないとか、柔らかいほうがいいというイ**

メージがあるかもしれませんが、そうではない。甲子園に行った四人も、硬い子のほうが多かったですから。硬い、柔らかいというのはあまり関係ないですね。向いている条件として、ピッチャーしかできないような不器用すぎる子はひょっとしてできない可能性もあるかもしれませんが、これというのは特にありません。逆に、セカンドやショートができる子は間違いなくできると思います。あとは、キャッチボールをするときにピッとボールがかかる子、手先の感覚を持っている子は適していると思います」

08年のセンバツで準優勝した聖望学園（埼玉）相手に2失点完投と好投した井内学は中学まではオーバーハンドに近いスリークオーター。なんでもない普通の投手で、本人も入学してすぐに「セカンドをやらせてください」と言うほどだった。

「ところが、極端に言ったら、セカンドでは練習試合にも出られないぐらいのレベルだったんです。そこで『試合に出たくないんか？』と。そうしたら『出たいです』と言う。それで、『ピッチャーしたらどうや？　腕下げてみるか？』と言ったら、本人も『アンダースローにチャレンジさせてください』ということで、アンダーになったんです。ひたむきにやってくれたから、どんどんいい球を放るようになりました。棚からぼた餅みたいなものですね。だから、誰でも可能性はあると思います。上から投げて125キロの子が、サイドから投げて120キロであれば、十分いけると思います」

腕を下げることによる注意点の一つはスピード。スピードは落ちるのが当たり前とわきまえ、速さを求めてはいけない。01年センバツに出場したときのエース・堀渕貴史は、最速117キロ程度だったが、甲子園が始まる前にスピードを意識して133キロにまでアップ。ところが、球速が上がった途端、めった打ちを食らうようになった。

「いわゆるバッターとのタイミングが合う状態。（バッターから）見やすくなったのかもしれません。**緩急をつけられれば、遅い球でも速く見せられる。サイド、アンダーはスピードにこだわりすぎたらダメですね**」

甲子園での堀渕は、出場34校の初戦に登板した投手のうち最下位となる43位タイの最速124キロしか出なかったが、神埼（佐賀）を相手に1勝。2回戦の浪速（大阪）戦でも完投し5安打無四死球2失点の好投を見せた。横手、下手から投げる以上、磨き、求めるのはあくまで制球力だ。

弱者が強者に勝つために その61

球速を追い求めてはダメ。こだわるのは緩急と制球力

技術面で最大のポイントは蹴り足。サイドやアンダーというと腕の位置や体の傾きなどに目が行きがちだが、全ては蹴り足だ。

「**蹴り足を教えてあげることによって、サイド、アンダーは作っていくことができます。アンダーならボウリングやソフトボールのウインドミル投法のイメージ。後ろ足の蹴り足は必ず（前足と**

前方から見ると、このようにクロスする

アンダースローの場合、蹴り足は踏み込んだ前足とクロスしなければならない。

クロスします。サイドならまっすぐ、オーバーならまっすぐいってからかぶせるかたちになります。

腕の角度を作って、そのまま（体を）倒せという人がいますが、それは本人の感覚ですから、そこまでは言わなくていいと思います。**足を上げるときに回しながら上げれば、人間は必ずサイドかアンダーになるような傾きになりますからね。**あとはお尻から出ていくイメージで練習すればい

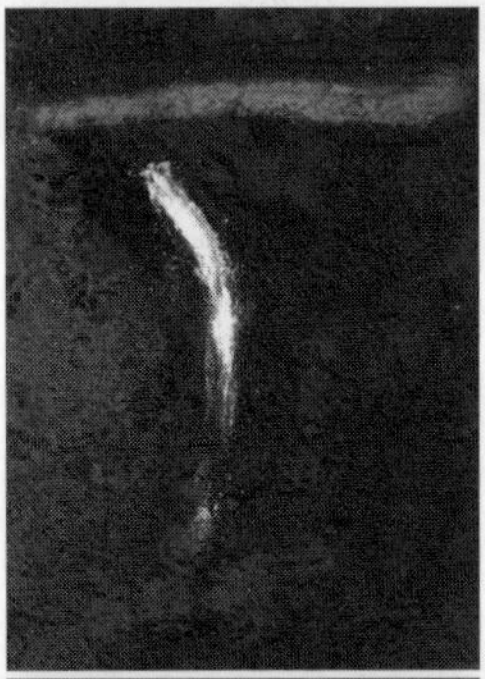

サイドスローでは、蹴り足がマウンドの後ろにこのような跡がつくようにする。

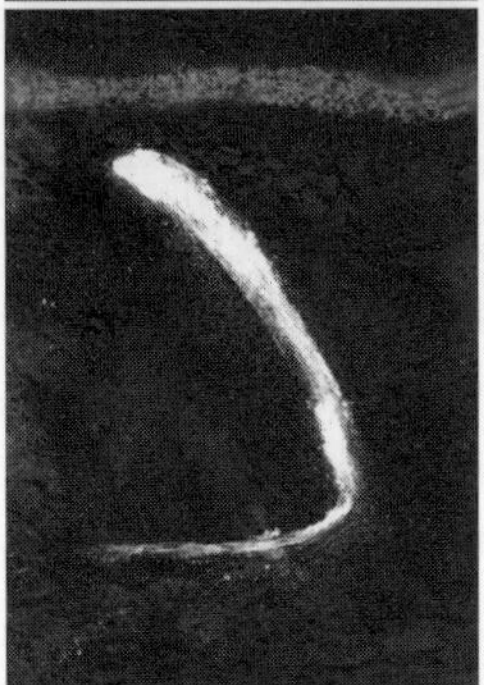

アンダースローでは、蹴り足がマウンドの後ろにこのような跡がつくようにする。

よい投げ方

悪い投げ方

いでしょう」

フォームを作る際の練習も蹴り足から。一に蹴り足、二に蹴り足。蹴り足が全てといっても過言ではない。

「（フォームを）気にして投げさせるなら、蹴り足からが一番いいですね。『（体を）傾かせて、蹴り足をこう（クロスするように）蹴ってみろ』と。蹴り足のことを言わずにやらせたら、だいたいみんな投げた瞬間に右足が着地しようとするぐらい軸が右に傾く。投げた球はシュートします。だから、サイドにすると必ずインコースは抜けてデッドボールになるというのが多いんです。こうなるからシュートする、抜けるというのを言ってあげないとダメですね。

右足の着地が早いとインコースは抜けてデッドボールになりやすい。それが怖いか

投げ終わったあと、右足を着く位置は肩幅の倍の広さまでにする。

ら真ん中に入ったり、アウトコースも抜け気味に入っていくから、すーっと真ん中へ行って打たれることが多くなるんです。**ピッチングのときに、『クロスするように蹴ってみなさい』と言って（軸が傾くのを）我慢させる。極端に言ったら、『（蹴った右足を）止めてみなさい』と。止まるということは、前に流れないから右にも下がれない。それによって右手が前に出てきます。右手が前に出るということは、アウトコースに引っ張っていける。**そういう感覚を覚えてくれたら一番いいと思います」

止まるのが難しければ、投げた瞬間に右足をポンと着くのではなく、蹴った右足をゆーっくりと着地させるイメージを持たせればいい。蹴り方と着地にかかる時間を意識させるだけでも、かなり変わるはずだ。

「右足の着地が早いと倒れすぎて抜けてしまいますから、前ひざにゆとりを持ってゆっくり着地する。**投げ終わったあと、右足を着く位置は肩幅の倍の広さまでが限界ですね**」

では、踏み出す左足はどうすればいいのか。あえて一足分インステップするぐらいがちょうどいい。

「右バッターが嫌な感覚になりますからね。それに、腕を下げたときに普通にキャッチボールさせたら、みんなインステップすると思います。**インステップは一足分が基本**。一足分までいくと、下半身の蹴りで引っ張ってきても、よっぽど背筋が強くないと苦しいと思います。

着地する際のつま先は、踏み出す足が開かないようにやや内向きに着地します。左ひざのゆとりはスケート選手と一緒。スライドボードを使って練習するといいと思います」

ネットスローなどで蹴り足を意識して感覚をつかんできたら、次は立ち投げ。シュート回転を防ぐために、蹴り足を止め、外角へ引っ張らすような練習をしてみる。

「止めすぎて右バッターのアウトコースまで引っ張るようなピッチングをしてもいいと思います。ウエストボールを投げてみてもいい。それができたら、キャッチャーを座らせてピッチングをさせてみます」

その他の部分については、ほとんど言わない。言うとすれば、足の上げ方ぐらいだ。

「これはフォーム全体に言えることですが、細かい分解写真の100分の1の部分を言ったら、余計にイップスになるような気がします。だから、左手の使い方についても詳しくは言いません。

その子のやり方が合っていればそれでいい。体が開く子には『バッターに向かっていってるよ』というのは言いますけど、ひざが折れようが、そういうことは言いませんし、セットの入り方やグラブの位置など細かいことは言いません。本人がやりやすいほうがいいですからね。（投球時に）手首が立っているにこしたことはないですが、立つ感覚というのは難しい。立てろ、立てろとは言わないでいいと思います。

足の上げ方ですが、特にアンダーは回しながらの上げ方のほうがひねりやすいし、倒しやすい。リズム感で放りやすいと思います。1、2とか、1、2、3とかリズム感があるほうがタイミングが合わせやすい。足を上げる高さは本人の投げやすい高さで構いません。ちなみに、渡辺俊介（ロッテ）投手のように、足をまっすぐ上げて、真下に下ろし、そこから出ていく投げ方は難しい。リズムもとりにくいし、あのやり方で投げるには、下半身の強さがいるのではないかと思います」

弱者が強者に勝つために その62

アンダースローは蹴り足がポイント。ボウリングのように前足とクロスするように蹴る

弱者が強者に勝つために その63

蹴り足の着地はゆっくりと。着地する場所は肩幅の倍ぐらいまで。着地が早いと抜けて死球になりやすくなる

その64

踏み出し足は一足分インステップが基本

サイド、アンダー投法は投球する際に体が開いてしまう投手が多い。それを矯正するにはどうしたらよいのだろうか。

「注意するのは蹴り足ばっかりですね。**開くイコール蹴り足ができていないということ。**人間は上半身のほうが操作しやすく、足のほうが不器用。不器用なほうを開かないように我慢させるように、足のほうに意識を持っていくほうがやりやすいと思います」

同様に、突っ込みがちに投げる投手の矯正も蹴り足から。意識させるのは、とにかく蹴り足だ。

「投げる際に顔や頭が先に出るようではダメ。球が走りません。肩の線に我慢できるようにしたいですね。頭が突っ込んでしまう子も、蹴り足を直せばみんなスムーズにいきます。あとは、股を大きく開いて、体重移動の練習もいい。後ろに体重を残しながら、ひっかける投げ方で（蹴り

足が）止まる感覚を身につけるのもいいと思います」

あとはフォームが固まるまで毎日チェックしてあげることが大切。

「チェックするのは蹴り足とバランスですね。横から見たり、正面から見たり、後ろから見たりして、その子のいいバランスを見つける。毎日見て、特徴を意識して教える。パッと言って、パッとやるのはなかなか難しいですから、試行錯誤しながら、指導者が感覚の話をしてみたり、やり方の話をしてみたりしながら身につけさすしかないと思います。

腕の高さですが、本人が投げやすいところでいいと思います。本人は横から投げているつもりでも、上から投げていることもありますし、本人の〝つもり〟と見た目は違います。このへんでいいという高さを見てあげることも必要ですね」

弱者が強者に勝つために その65

開くイコール蹴り足ができていないということ。蹴り足を直すことで開きも矯正できる

フォームが固まり、ストレートが狙ったところに投げられるようになってきたら、次は変化球。まずは横の変化から練習する。

「**縦の動きより、まず横の動きを覚えていかないといけません。**カーブ、スライダーどちらでも

いいと思います。カーブを投げようとすると、腕の位置が変わる子が多い。上がってくる子が多いので、投げる際に『今のは上がりすぎ、下がりすぎ』と言ってあげるといいと思います。
カーブを投げるときも、基本は蹴り足。前のほうで離して、アウトコースに投げないといけないですからね。イメージとしては『キャッチャーのプロテクターの横線を、手でなぞるように前に持っていく』。そうすれば投げやすいと思います。カーブを投げるときはまっすぐと同じ腕の振りで投げることが大事。いつでもストライクが取れるようにしたいですね。

握りは本人次第。初めは同じ握りでも、同じ曲がりをしないので、一球一球、『今のでいい、ダメ』と言ってあげるといいと思います」

次に反対側の変化球だが、これはあえて体の開きを利用する。

「インコースに放るときは、『真ん中を目がけてわざと開け』と言います。開いて、早く離せば、勝手にシュートしてインコースに行きますから」

蹴り足の着地を我慢してゆっくり着いていたのを、あえて早く着地させる。フォーム矯正前の悪癖を自ら利用することで内角に投げるのだ。

「もちろん、インコースにわざと抜けさせるのと、引っ張ってきてしっかり投げるのと2通り投げ分けられれば一番いいですよね。インコースのストレート、インコースのシュートと球種が増えたことになりますから。順番としては、インコースのストレートを練習して、うまくいかなかったら真ん中目がけて開くという感じでいいと思います」

変化球投手のイメージから、あれも、これもとなりがちだが、必ずしもそうではない。「シュートは勝手にするから、横に曲がるカーブがあればいい。もちろん、カーブもスライダーもシュートも投げられればいいですけど、**極端な理想を言えば、インコース、アウトコースのストレート系のコントロールと少々曲がる変化球があればいいと思います**」

弱者が強者に勝つために その66

変化球は横の変化から。カーブを投げるときも基本は蹴り足。腕は捕手のプロテクターを手でなぞるように前に持っていくイメージで、ストレートと同じように振る

横の変化が使えるようになったら、最後にシンカーなどの抜く球種。注意したいのは、あくまで抜く球種は最終段階ということだ。

「**抜くボールから練習するのは間違いですね。**ピッチングの基本はアウトコース、インコースの低めのまっすぐ。それを意識して練習して、ごまかすための球がカーブ、シュートですから。抜くボールはタイプによってものすごく違ってきます。フォーク気味に挟んだり、中指、薬指の間で挟んだり、サークルチェンジ気味だったり。シュートで沈む子もいます。ただ、言えることとは**少し沈めばいいということ。低めに投げて沈めばいいんです。**落ちるか落ちないかというの

が一番怖い。いつでも変化して、ボール2個分落ちたら上出来。シンカーでストライクを取れとは言いません」

低めの変化球を生かそうとするあまり、高めの球を使って目線を上げようとするバッテリーがいるが、サイド、アンダースローの場合、高めの球は必要ない。

「高低は使わないでいいと思います。球威がないんですから、高めは一番打たれる可能性がある。渡辺俊介投手みたいに、高めに浮き上がるようなストレートなら高めの球で内野フライを打たせられて有効ですが。投げるとすれば、一か八か、胸元にボール球で振らせにいくときぐらいでしょうね」

球威がない場合、どうしても変化球に頼りがちになるが、やはり精度が問題。不安のある変化球を投げるぐらいなら、ストレートを選択したほうがいいこともある。

「ストレートなら安心して構えたところに来るけど、変化球は抜けるというのなら、〝ここ〟というときは必ずストレートを投げないといけません。実際、03年夏の甲子園に出場したときのエース・大和(威光)は、スライダーが一番打たれました。あまり曲がらないうえに、スピードもストレートとあまり変わらない。カーブも投げられない。それなのに、カウント2—1から平気で真ん中にスライダーを投げて打たれていました。そこで、大和とは約束事を作りました。『5球投げたら、変化球は1球まで。右バッターに投げるのは全てインコース。デッドボールになっても、打たれても、インコースに投げればいい。色気を出してアウトコースにスライダーを投げるな』と。そう言ったにもかかわらず、投げて打たれたこともありましたけど（笑）。**右バッターのインコースはなかなか打たれません。開いてでもインコースに放れるようになったら、右バッターに関してはそんなに心配はないですね。**試合中に相手が意識して打席での位置を変えたりしたら思うツボです。そうしたら『外に甘い球でいいから投げろ』と。みんなそれぐらいできますから」

甲子園では実際その通りになった。初戦の旭川大高（北北海道）戦。旭川大高打線が打席内で動いたおかげで大和はスイスイと投げ、5安打1失点で完投。大和本人も「こんなに三振が取れるとは」と驚く10奪三振の好投だった。

弱者が強者に勝つために その67

抜く球種を練習するのは最後。とにかく低めに投げるのが大事。大きく落ちなくても、少し沈めばいい

その68

右打者には心配はない開いてでも内角に投げられれば、

一方、サイド、アンダースローにとって、左打者は〝天敵〟だ。実際にどうかは別として、左打者もサイドやアンダーを得意と思っていることが多いため、投げる前から負けてしまっていることが多い。

「やはり心配なのは左バッターですね。**左バッターには変化球の使い方を考えなければいけません。左投げ左打ちなのか、右投げ左打ちなのかでも配球を変えないといけないと思います。左バッター全般に言えることとして言うのは、『変化球でストライクを取れ』ということ。左バッターは打ち損じてのフライが多いんです。**サイドの子は左バッターに逃げがちですが、『打たれても構わん。真ん中でもいいから、変化球でストライクを取れ』と言いますね。これは**ボールの軌道の問題なんですが、入ってくる変化球はタイミングが早かったらファウルになるし、きっちりとらえてもフライになりやすい。または詰まるんです。**遅いカーブでも詰まりますからね。投げるのは怖いけど、意外に打ちにくいんです。逆に、逃げていくボールは意識しているから意外に三遊間とか、レフト前に打たれる。打順にもよりますが、アウトコースには、シュート系を見せておくだけでもいいと思います」

サイド、アンダーは左打者に弱いという先入観を捨て、臆せず変化球を投げる。攻めて投げる変化球と、怖がって投げる変化球では、腕の振りも切れも変わってくるはず。左打者にこそ、攻めの気持ちで緩い変化球。これがポイントだ。

弱者が強者に勝つために その69

対左打者には怖がらずに変化球でストライクを投げる

対左打者と並び、サイド、アンダースロー最大の問題が、走者を出してからの投球だ。モーションが大きくなりがちなうえ、球が緩いだけに、下手をすると盗塁がフリーパスになりかねない。いくらいい球を持っていたとしても、これでは試合では通用しない。

「心配は盗塁です。やはり、**クイックは必須。いくらキャッチャーがよくてもダメです。クイックができなければこんなに攻めやすいピッチャーはいません**からね。クイックだと右足の着地が早くなりがちなので注意が必要。軸足で作っておいて、割るだけというイメージです。

ランナー一塁でも二塁でも、クイックがちゃんとできて、球威がなるべく落ちずに、コントロールがきちっと投げられるようにしないといけない。井内の場合、クイックで投げるときに右ひざが曲がるので、セットの際に初めから右足を曲がった状態で作らせました。右の骨盤をロックしておいて、そこから投げる。余計な動きがなくなりますから、0・何秒か補える。これで走られることもなくなりました」

とはいえ、やはりそれだけでは不安が残る。そこで、森影監督は捕手を重要視している。

「ピッチャーがそこそこ放ったとしても、キャッチャーが（盗塁が）タダだったらはっきりいって難しい。それだったら、ショートをやっている子とか、捕ってから早く投げられて、肩の強い子をキャッチャーに持ってこないといけないと思います。

私が一番に気にするのがキャッチャー。入学してきたキャッチャーがダメなら違う子を作ります。私の考えでは、**キャッチャーは捕ってから早い子が基本ですね。内野の守備よりキャッチャーを重視します。**守備はいろんな人が言うように、数を受ければ、ある程度のゴロはアウトにできるようになりますから。もちろん、なかなかいい子は来ませんが、**学年ごとにいなかったら2年に1ぺんいればいいんです。**毎年は考えられませんが、2年に一ぺんキャッチャーを作ったときに、たまたまピッチャーが当てはまったら（上位に）行ける。公立で、サイド、アンダーで甲子園に行こうと思ったら、いいキャッチャーがいるのが基本だろうと思います」

クイックと捕ってから素早い捕手で盗塁を封じれば、あとは牽制《けんせい》とバント処理などのフィールディングだ。

「牽制は投げる練習はあまりしません。ただ、タイミングは教えます。セットに入った瞬間に投げるとか、入って何秒したら投げるとか、長く持ってスタートを切りにくくして投げるとか、四つ、五つのパターンは言いますね。バント処理は、セカンドやショートができる子なら、何も心配ないと思います。あとは、無理して二塁でアウトにしなくてもいいから、一塁だけアウトにしてくれと。もちろん、負けているときに一か八か勝負をかけることはありますけどね」

盗塁のフリーパスだけは何としても防ぐ。あとは、最低限守れればいい。心がけるのは、オールセーフで走者をためることを避けることだ。

弱者が強者に勝つために その70

クイックの習得は絶対条件。必ずマスターする

その71

内野の守備より捕手を重視。捕ってから素早く投げられる選手を捕手として起用する

ここまできたら、あとは実戦だ。

「やはりバッターが立ってナンボですから、試合で試してみないとわかりません」

試合で気をつけることもシンプル。打者を相手にしたからといって、力んで抑えにかかったり、四死球を出したりしないことだ。

「**打たれるのは仕方がないんです。球威がないんですから。空振りもなかなか取れませんが、空振りを追い求めたり、スピードを追い求めたらダメです。**

最初のうちはとにかくリズムよく、(捕手からの返球を)捕ったらすぐにセットに入って投げる。

打たれるのは、なんぼ打たれてもいい。ポンポン投げて、1球目にヒットを打たれてもいいんです。三振取ってやろうとかいう気持ちもいらない。2―3にするのもよくないですが、怒るのは、フォアボールを出したとき。ランナーを出しても、向こうがしかけてきて、盗塁とかエンドランとかされても、ディフェンスがちゃんとできたら、それでOKです」

打たせて取るタイプなのだから、打ってもらう。カウントを悪くしたり、四死球で歩かせたり、というのが最もしてはいけないことだ。

「配球は、その日一番いい球を基本ベースに考えます。コントロールと緩急の配球で抑える。基本として、変化球、特にカーブでいつでもストライクが入るのが一番いい。**スピードがないんですから、0―2、1―2、1―3からストレートでいくようでは難しいですよね。**そのカウントで変化球を投げられれば、今度は変化球と思わせてインコースにまっすぐで惑わすこともできます。考えて打つバッターか、インコースなら何でも振るバッターなのか、そういうことを考えて投げる球種を選択すればいいんです。ある程度、練習試合でやって教えて、それでもわからなかったら、〝ここ〟というときは監督がサインを出してもいいと思います」

打たれることを怖れず、逃げずにストライクを投げる。緩急をうまく使って、打ち気をそらす。緩い球で打ち取ることが増えれば、遅い球を使う楽しさもわかってくるはずだ。

弱者が強者に勝つために その72

打たれるのは当たり前。リズムよく投げて打たせて取り、スピードや空振りは求めない

その73

打者有利のカウントで、変化球でストライクを取れるようにする

最後にもう一度、森影監督にポイントをまとめてもらった。

「とにかく本人がひたむきに貪欲に頑張るしかない。そういう性格が必要ですね。指導者もすぐに結果を求めたりせず、長い目で見ることが大事。あとは、やはりスピードや空振りの取れる変化球ばかり追い求めてはいけないということでしょうね」

内外角へきっちりストレートを投げられること、変化球でストライクを取れるようになることがまずやるべきこと。背伸びをせず、コツコツとやるべきことをやる。派手さのない投手だからこそ、それが一番大事なこと。その先に、きっとサイドスロー、アンダースローにしかわからない快感が待っている。

第8章

清峰を全国区の強豪に変貌させた

清水央彦コーチ(佐世保実監督)のデータ分析術

清水央彦

しみず・あきひこ

佐世保実高（長崎）監督。1971年2月23日、長崎県生まれ。佐世保商高（長崎）では内野手兼投手。高校卒業後、一般企業に2年勤務。海外に2年滞在したのち、日大文理学部（通信制）で教員免許を取得。佐世保商高、平戸高のコーチ、部長を経て2001年4月からは清峰高コーチに。07年4月から同校部長。05年夏の甲子園初出場、06年センバツ準優勝などに大きく貢献する。09年には佐世保実高に赴任し、副部長を経て同年8月、監督に就任。地歴科教諭。

自分たちの野球をやる――。

弱者には絶対に必要なことだ。チームで決めた徹底事項を全員でやりきる。それが勝利への第一条件であることは間違いない。

だが、それだけでは限界があるのも事実。強者とは、戦力の差があるからだ。素材、能力、技術……まともに勝負すれば結果は目に見えている。では、強者に立ち向かうためにはどうしたらよいか。それは相手を研究し、分析すること。楽天の野村克也前監督もこう言っている。

「指揮官の最初の仕事は戦力分析である。短期決戦の戦い方で最も重要なのは戦力分析と具体的な攻略法だ」

相手を知らずして戦うのは愚の骨頂。それで勝負できるのは本当に力のあるチームだけだ。相手を研究すれば、必ず弱点は見えてくる。野村前監督はこうも言っている。

「一生懸命練習すれば、それで技術は伸びる。しかし技術だけでは限界がある」

プロの選手ですら、得意と不得意がある。技術だけではどうにも補えない部分があるのだ。ましてや、高校生なら……。弱点が見つからないほうがおかしい。分析すればするほど、見えてくるものがあるはずだ。

無名の県立校だった清峰（長崎）をコーチ、部長として支え、一躍全国区の強豪に変貌させた佐世保実・清水央彦監督。投手育成に定評のある清水監督の、もう一つのこだわりが対戦相手の分析だ。分析といえば横浜（神奈川）の小倉清一郎前部長が有名だが、清水監督にも佐世保商、平戸、北松南（現・清峰）といった「弱者」を指導していたからこそ発見したやり方がある。強豪校の仲間入りを果たしたあとの清峰ではなく、あくまで弱者の目線でポイントを語ってもらった。

圧倒的な戦力差があれば、「分析をしても無意味だ」とあきらめてしまう人も多い。だが、高校野球は一発勝負。分析がハマれば活路を見出せる可能性もある。

「**勝負をする以上、目的は勝つことですよね。**指導者のほうが野球を知っているわけですし、そこは指導者が入っていい部分だと思います。生徒任せというのは気持ちよくはあるんですけど、僕は勝たないと何もないということも知っている。指導者と生徒ではありますけど、チームメイトでもあるので、そこはがっちりかかわってやったほうがいいと思います。

それと、**高校生には打てないコースが必ずある**ので、それを探し出してあげる。弱いチームでやっていても、どうやって勝つ方法があるかを言ってあげることでより勝ちやすくなります。選手の力はすぐ上がりませんけど、分析をして、少しでも選手の力になればと思ってやっています」

清水監督が分析をするようになったきっかけは、まだ佐世保商の指導者をしていたとき。1996年夏の大会で佐世保実を延長13回の末に3対2で破ったことだった。

「左のいいバッターがそろっていたんですが、外のスライダー攻めで抑えました。当時はまだ外のスライダーは打てないんじゃないか、ぐらいのレベルでしたけど……。ただ、教えているとその子によって打てるコース、打てないコースがある。これを対戦相手に探したらどうなるのかと。

小さな成功体験でしたけど、あの試合で『やれるんだ』と思いましたね」

ただ、いくら分析をしてもそれに応えられるレベルの選手がいなければ始まらない。相手打者の弱いコースがわかっても、そこに投げられなければ意味がないからだ。分析をする前に、分析結果を有効利用できる程度まで選手たちを鍛えることが大前提になってくる。だが、それは決してハードルの高いものではない。

「**ピッチャーならストライクが取れることでしょうね。最悪、これでもいけます。やっぱり、変化球でストライクを取れるのが一番いいですが。野手は身の回りのボールだけは捕れるようにしたい。**ファインプレーはいりません。簡単な打球だけでいいんです。そこは割り切ることが必要でしょうね。だから、ノックでも難しい打球は打ちません。打ったとしても10分の1程度。簡単な打球をさばくことを延々と続ける。そうすると試合になってきます。弱いチーム対強いチームで試合になってくるとどういう意味があるか。弱いほうは乗ってきますよね。強いほうは焦ってきますよね。そういうところ（心理面）を使ってやらないと勝ち目がないんです。

打つのと守るのとなら、失点をどう防ぐかが絶対先ですね。できれば2点以内。弱いチームは3点取れないので。2点に抑えて、3点取るゲームをごまかし、ごまかしやっていくことが大切じゃないかと思います」

失点を2点以内に抑えるというのは、まさに134～135ページのデータ通り。守備の重要性が改めてわかる。確実にアウトにできる打球は絶対にアウトにする。そのうえで、投手がストライクを取れる変化球が一つでもあれば十分試合になる。

「まっすぐばかりではダメです。まっすぐはやっぱりいかれるんで。でも、**変化球でストライクが取れれば、3連続ヒットはあまりないんです。**そこをしのげればいい。満塁にされても、3連続ヒットさえされなければ根本的に点は入りにくいですから。変化球でストライクが取れれば、打たれない確率が高くなります。どんないいバッターでも、変化球は打ちそこないの確率が高くなりますから。ただ、**変化球だけではダメです。まっすぐあっての変化球ですからね。**

変化球はできればスライダー、カーブ、カットボールの3種類ほしいですが、その中から一つというなら**簡単に投げられるスライダーでいいと思います。カーブは投げるのが難しいですが、ストライクにする必要はない。緩急の差をつけるために使えばいいんです。**

低めに投げれば変化球は切れます。だから、三振を取るときはボールでいいんです。逆に言えば、ボールしかいかなければそれを三振を取る球に使えばいい。それと、変化球で三振を取るには球の切れじゃなくて腕の振りなんですよね。ストライクが入る、入らないより、フォームが緩む、緩まないことのほうが大切です」

投手はやはりストレートと変化球の制球力を磨くことが第一。それ以外のことは、ストライクを取れるようになってからでいい。

「(指導する)順番が大事なんです。ストライクの入らないピッチャーに間合いとかから入る人がいますが、それは間違い。それは置いておかなければいけません。弱くてもいいんです。(戦うためには）自分たちの力を正確に把握しているかどうか。できることをやらせないとダメ。それがないと戦略も立てられません」

弱者が強者に勝つために その74

投手はストライクを取れる変化球を最低一つ持つこと。野手は身の回りの打球を確実にアウトにすることが絶対条件

その75

低めの変化球は切れる。三振を狙うにはボール球でOK。空振りを奪うには切れよりも腕の振り

では、具体的にどう分析をすればよいのか。失点を防ぐ意味で、まずは打者から。

「バッターはやはり打ち方を重視しますね。具体的には外回り系か、開き系か。それは、どちらの肩を軸に打つかで見極めます。**左肩軸なら外回り系、右肩軸なら開き系**。もちろんこれに加えて構え、スタンス、トップ、踏み込みなどを見ます。どっち回りかは非常に微妙なのでビデオをコマ送りして見ますね。1打席目をコマ送りで分析して、2打席目以降はそれが合っているか確認する感じです。ビデオは時間がある限り何回も見ますね。**まずどっち回りかを見るのは、基準**

を作らないと物事は見られないからです。

外回り系は遠い球に強くなるので外のまっすぐに強い。開き系は内は打つけど基本的には外に弱い。ただ、まっすぐにはタイミングが合うと力が出るので変化球をうまく使うことが必要です。ただ、こういった基本的な考え方はありますが、**どっち回りかだけの統計ではどこが弱いかはわからないんです。はじめにどっち回りかを確認して、ステップ、バットが立っているか寝ているか、ポイントは前か後ろかなどを見ていって、最終的にどれを選択して攻めるかを決めます**」

明らかな場合は別として、素人ではすぐに見分けるのは難しい。見分けるのも技術。何度も何度も根気よくビデオを見直し、見る目を養って行かなければいけない。

「外回り系か開き系かは微妙なんです。いくら分析をしても間違うこともある。僕もそれで21点取られたことがあります（2006年センバツ決勝の横浜戦、0対21）。**間違ったときは修正をしないといけない。ベンチからでも、失投を打たれたのか、投げたいところに投げて打たれたのかは確認しなければいけません**」

弱者が強者に勝つために その76

打ち方は外回り系か開き系かなど見分ける基準を持つ。それにプラスして構え、ステップ、トップなどを考慮し、最も有効な攻め方を選択する

弱者が強者に勝つために その77

試合前の分析が絶対ではない。常に確認し、おかしいと思ったら修正することも必要

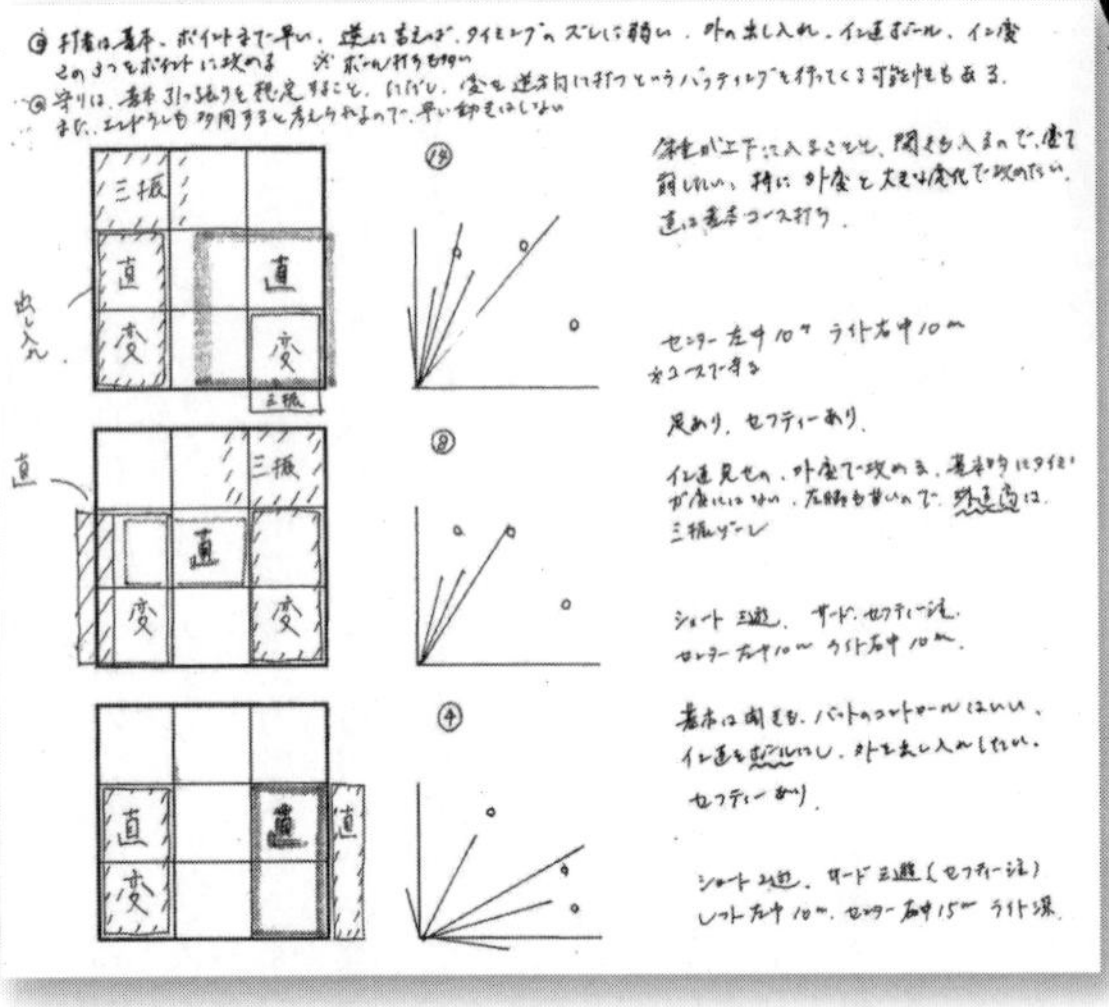

清水監督の相手打者分析ノート。このように、苦手なコース、球種、打球の方向などを分析してゆく（カラーで色分けし、見やすいように工夫している）。

打てないコースがわかったら次は攻め方。清水流配球の考え方はこうだ。

「**打てるところをボールにして、打てないところでストライクを取るようにします。**例えば、開く子はボールを正面に見ますからインコースの球は手を出しやすい。だからそこにボールを投げます。ボール球なら打たれても大ケガは少ないですからね。逆に、打てないアウトコースでストライクを取ります。打てるところで凡打を狙い、打てないところで三振を狙うんです」

もちろん、別の考え方を採用するこ

ともある。例えば、相手がまず初球を打ってこないだろうという場面ではこうなる。

「初球を打ってこない場面では打てるコースでストライクを取ります。同じところに変化球を投げて、打てないところで勝負。開く子なら、インコースへ先に持ってきておいて、外の打てるところのボール球を打ちにきたところを凡打にするという考えです」

また、左投手対右打者の対戦では清水監督が分析するうちに見えてきた傾向を利用する。

「**左対右の場合、アウトコースの高めが空振りを取りやすい**。三振ゾーンなんです。インコースの変化球のあとは有効ですね。あと、インコースのスライダーが決まれば打てません。これは状況にもよりますが、それを徹底的に投げさせることもあります」

配球を教えるのは投手よりも捕手。投手はいい球を投げることに集中させ、リードなど細かいことは捕手に任せる。捕手を指導する際には、清水監督が一度見ておいたビデオを一緒に見て、データや特徴などをメモさせながら教えていく。

弱者が強者に勝つために その78

打てるコースにはボールで凡打を、打てないコースにはストライクで三振を狙う

ある程度攻め方が見えてきたら次は守備位置。横浜の小倉前部長は「打球方向はうそをつかな

い。打球方向は絶対に調べたほうがいい」とできるだけ打球方向のデータを集めるが、清水監督のやり方は異なる。

「**分析というと確率をとる人が多いんですが、それは全く意味がないと思います。自分のピッチャーの持っている球を考えてやらないと全くダメ。ピッチャーの投げる球でどこに飛ぶかまでやってあげないとダメだと思います**。だから、同じチームと対戦するときも左ピッチャーと右ピッチャーなら投げるボールも守る位置も変えます。入ってくるボールと逃げていくボールでは、絶対打ち方が変わってきますから。

打球方向のデータを集めるのもいいと思いますが、やはりある程度サンプル数が必要になってきます。1試合や2試合では難しいと思います」

こういうスイングの打者に対し、自チームの投手がこの球をここに投げれば打球はここに飛ぶ。それをイメージして野手を配置する。打球方向のサンプル数をとにかく集めればいい確率論よりも、清水監督の考え方は高度で難しい。その一方で、失投した場合の準備もぬかりはない。外野手はその打者が最もいいスイングをしたときにどこに飛ぶかを考えて守らせる。会心の打球を想定しているから、当然深めの守備位置ということになる。

『マネー・ボール』(マイケル・ルイス著=ランダムハウス講談社文庫)など出塁率が大事という考えもありますが、**金属バットの高校野球では長打を出せるかが大きな要素だと思っています。流れが一気に変わりますからね**。そのためにも、打者は確率が悪くてもできるだけ長打を打てるほうがいい。守るほうから考えれば、いかに長打を打たせないかが大事になってきます。**長打が一番怖いので、守備は深くします。長打警戒のところに守らせますね。一番いい打球はどこに飛ぶか。そこをケアするようにします**」

下位打線でも、極端に前に守らせるようなことは少ない。めったに打たない下位打者の長打は相手が盛り上がりやすく、大量失点のきっかけになりやすいからだ。また、背走よりも前進するほうがスピードも速く走れるし、難易度も低い。弱者と強者との差は外野手の後方のフライ捕球によく表れるが、弱者であればなるべく後ろへの打球は減らしたい。そういう意味でも深い守備位置が無難だ。打ち取った当たりをテキサス安打にするか、頭の上を越されて長打にするか。失点を少なくするためにはどちらが得策かは明らかだろう。弱点を攻めつつ、最悪のケースで被害を最小限にする準備を怠らない。これが大量失点を防ぐ絶対条件だ。

弱者が強者に勝つために その79

打球方向の傾向よりも、投手対打者で野手の守備位置を決める。常に最悪を想定し、外野手は相手の会心の打球に備えて長打警戒

次に、相手投手の分析はどうするのか。その前に分析時に陥りがちな注意点がある。

「(分析シートに)**選手のできないデータは載せないことです**。例えば、クセを見抜くことが相

手投手の分析と思われているようですが、振りかぶって胸におろすまでにわかる明確なクセじゃないと高校生に伝えても意味がないと思います。はっきりわからないと高校生ではデータを生かしきれない。それに、クセがわかって球種がわかっても、下手な子はボールまで打つんですよね。そのレベルならクセは見ないほうがいい。

ビデオで何回も何試合も見ると気づきはあります。でも、それを生徒に落とし込んだときに、できないことを言ってもしかたがない。選手の力をわかって、ここまではできるということで厳選して話をしてあげないと絶対にダメですね」

では、実際に選手たちに伝えることはどんなことか。これは意外とシンプルだ。

「**ピッチャーで一番気にするとしたら、どの球で三振を取るかですね。**変化球が切れているかどうかが大事。打ちにいっていいレベルの球か、打ちにいったらダメなレベルの球か。打ちにいくか逃げたほうがいいかは自分たちの力で決めます。

配球パターンはあまり重要視しません。下位ならまっすぐ系が多いとか、中軸には変化球が多いとか、打順によっても変わりますし、チーム全体にこうというのはないですから。もちろん、外の変化球が決め球の子なら、追い込んでインコースにまっすぐが来たら（次は）ほぼ100パーセント外の変化球ですよね。そういうところは見ますが、基本的にバッターへの指示はできるだけシンプルにするようにしています」

弱者はやはり打力不足の場合が多い。一流でも3割にしかならない打撃に多くを求めることは難しい。

「コース別に何割ずつ来るかは基本として見ますが、球種待ち、コース待ちはしません。弱いチームに変化球を狙って打てる力があるかといったらないですから。そこは捨ててます。ただ、**まっすぐは狙っていい。0―1、0―2、1―2、1―3、2―3など、ピッチャー不利なカウントでどの球を投げるかは見ます。**アウトコースのまっすぐが一番打ちやすいので、できるだけこの球を打たせるようにはします。どんなピッチャーでも、5割以上インコースに投げるというのはほぼないですから。もちろん、ランナーで盗塁を狙うときは球種を読ませるようにしています」

打者が的を絞るにあたり、簡単なのは配球や球種よりも高さ。あくまで難易度の低いほうを選択する。

「チーム全体でこの球を打っていこうというのは意識的にやらないようにしています。自分のチームにも外回り系と開き系がいる。その子によって狙い球を変えないといけません。なので、狙い球を絞るとしたら個人個人に言うようにしています。

じゃあどうするのかといったら、**高さ待ちなんですよね。高い球だけを打たせます。高い球というのはストライクゾーンからボール2個分高いところまで。**高低に2個ずつぐらいゾーンを上げます。変化球は低めに来ると曲がります。ボールだし切れるので、三振の確率が高い。ところが、高い球だと球の切れはないですし、仮に曲がってきても打ちやすいんです。例えば、真ん中に来ればまっすぐ、カーブ、スライダー、シュート、フォーク全部打つようにします。

ベンチから見える情報は高低のみでコースは見えません。でも、高低に絞っていればベンチからもわかるので言いやすい。だからインコースでもアウトコースでも高めは全部振れと。それぐらい**シンプルに伝えないと、特に力のない子にはできないので**。高校生なので、この球をどの方向に打てとかはできません。だからこそ、やれることだけに限定する。高めを打つだけなら、どの子でもやろうとすればできます」

もう一つ、弱者の戦い方として重要になってくるのが「待て」のサイン。自チームの選手の打力を把握して、あえて打たせないことも必要だ。

「**弱いチームは試合の流れをつかむためにもウェーティングを使っていかないとダメ。絶対に必要です。1割ぐらいしか打てないレベルなら、フォアボールを狙う確率のほうが高い**。2ストライクまでは待たせるかたちで割り切ってやらないといけないと思います。追い込まれたとしても、ボールを振らせたいから決め球は基本的にボールになってくる。それを意識的にウェーティングで待たせて見切ると球が高くなってくるんですよね。後半に生きてきます。

実際のところ、清峰のときはほとんどウェーティングを使っていませんでしたが、佐世保実では駆使してやっています」

三振を取るタイプの投手に対して、思うように三振を取らせなければ、「今日は調子が悪いのかな」と思わせることもできる。打てないのだから、見逃し三振はOKと割り切り、あえて待たせてみるのも手だ。09年秋の関東大会でも、日没で引き分け再試合寸前の延長13回裏2死満塁カウント2―3から9番打者がボール球を振って三振に倒れた試合があった。三振でも引き分けで負けはない。勇気を持って「待て」のサインを出していれば……。打たせれば後悔しないし、生徒の打力のせいにできる。当然のようで、最も無難な作戦。振らなければ何も起こらないという考えもあるが、ウェーティング＝消極的ではないことも事実。ダメなら監督が責任を取ればいいだけ。弱者には、使う価値が十分にある。

弱者が強者に勝つために その80 球種、コースではなく高さで狙いを絞る

その81 過剰な期待は禁物。ウェーティングを有効に利用する

この他、最低限おさえておきたい部分は次のようなことだ。

「まず、相手ピッチャーの牽制《けんせい》ですね。何球続くか、一番速い牽制はどれか。刺されやすいのは（セットポジションに）入り際の牽制。これ以外で刺されるのはランナーのボーンヘッドです。

二塁牽制は速い牽制を持っているかどうか。二塁だと速いの以外は刺されないので。1試合見れば、だいたい出してきます。

それから守備力。鍛えられているかどうか。中継でカットに何枚入るか。送りバントの際にピッチャーの下りる方向も確認します。

相手の監督については、エンドラン系をどのカウントでやるか。どの球の次でやってくるのかは見ます。スクイズ警戒はほとんどしませんね。それよりも、失敗させる球を投げさせます」

弱者にとって強肩捕手がいないことは永遠の悩みだ。機動力のある選手、チームに足を使わせないためにはどうしたらよいのだろうか。

「06年に準優勝したときのキャッチャー・田辺敏和は肩が弱かったんです。決勝（対横浜）ではそこを突かれました（9許盗塁）。でも、準決勝までは走られていませんでした。

やはり、**走らせないためにはピッチャーに牽制を仕込まなければダメですね。**刺せない牽制はさせません。牽制を練習していないチームが多いんですが、牽制とクイックは必須ですね。**牽制がうまければ、走ってアウトではなく、牽制でアウトになるという頭になる。それで走ってこなくなるんです**」

走らせなければ相手は送りバントを使わざるをえない。ここで大事なのは、バントをやらせるかどうかだ。

「バントを失敗させたいときはインコースの高めですね。高めだと地面まで距離があるからバントされても転がる。二塁で刺しやすくなります。逆に低めだとすぐ地面に着いてしまうので転がりません。また、バントをしづらいのはアウトコースの変化球。追い込んだときはスライダーで三振を狙います。逆に、やらせてもいいときは真ん中でもいいと思います」

バントをさせない配球をしてもうまく転がされてしまったら、そのあとが重要。できることをやることに専念する。

「弱いチームは（バントをさせないよりも）送りバントをさせてアウトカウントをもらったほうがいいと思います。ランナー二塁にしてから抑えるほうがいい。**ゲームを進めていくうえで、ランナーを2枚にしないことが大事なんです。**1枚ならいい。1点しか入りませんから。それが、2点入ると、3点取らないといけない。1点だとヒット1本とフォアボールで二人出せば逆転できますが、3点取らないといけないとなると満塁を作らないとダメなんです。じゃあ満塁がどれぐらいの割合で出現するかというと、2試合に1回ぐらいしかない。非常にキツいですよね。

警戒して、フォアボールを絡めてランナーを2枚にするぐらいなら、ど真ん中に投げていったほうがいい。試合の流れを作る意味でもいいですよね。とにかくランナーは絶対に2枚にしない。これは重要です」

投手がフィールディングによほど自信があるなら別だが、微妙なタイミングではやはりアウトカウントを稼ぐのが一番。フィルダースチョイスでオールセーフというのが最も大量失点につながりやすいからだ。もちろん、アウトにできる打球を内野安打にしてしまうのは論外。牽制とともに、投手フィールディングはおろそかになりがちな分野だが、弱者には徹底して練習することが求められる。他の野手にも言えることだが、打球を捕球しそこなったうえに悪送球、または悪送球のカバーに入った野手がさらに悪送球といったダブルエラーだけは絶対に避けなければいけない。守備時は、走者を二人ためないと同時に、常に最少失点にとどめることを考えておかなければいけない。弱者の敵は大量失点、ビッグイニングだからだ。

弱者が強者に勝つために その82

相手の機動力を封じるには投手の牽制技術向上が必須

弱者が強者に勝つために その83

大量失点は厳禁。走者を二人以上ためない守りを選択する

無名の公立校だった清峰が一躍全国区に躍り出た05年夏と06年春。数々の金星の裏には、やはり清水コーチ（当時）の分析があった。

初出場を果たした05年夏、初戦の相手はセンバツ優勝の愛工大名電（愛知）だった。各打者が

1打席に一度はバントの構えを見せるなど、5試合で26犠打という徹底したバント攻撃で春の頂点をつかんだ名電。そのバント技術は突出していた。

「センバツの試合と愛知県大会の準決勝、決勝の3試合のビデオを入手したんですが、名電のバッターは相手のピッチャーが出てきた動きを見てバントするコースを変える技術があったんです。こんなレベルでやるのかと衝撃を受けました。

そこでやったのが、打者ごとにカウント別にバントするコースを調べること。そのうえで、バントは全てファーストとサードが処理するよう徹底しました。ピッチャーの古川（秀一＝オリックス）はフィールディングがヘタでしたから」

対戦が決まってからは徹底してバント処理の練習をした。投手の古川は動かないため、ファーストとサードが猛ダッシュでチャージをかける。このコースならどちらが捕る、この打球の強さ、弱さならどちらが捕るかのイメージをつけさせた。また、俊足ぞろいの名電打線を想定して、打席より数メートル一塁ベース寄りの位置から走者を走らせた。バントを捕球したはいいものの、足の速さに慌てて悪送球をしては元も子もない。スピードに慣れるためだった。

徹底対策の成果は出た。この試合で名電が成功させたセーフティーバントはゼロ。「あるだろうなと思った」（清水コーチ）という12回裏2死三塁からのセーフティースクイズにも慌てずに対応した。送球ミスや判断ミスもなく、送りバントを内野安打にしたり、オールセーフにしたケースはなかった。12回裏1死無走者から柴田亮輔（オリックス）が試みたセーフティーバントは、サードが処理したにもかかわらず、セカンドがベースカバーに入ったもの。名電の13イニング39アウトのうち、バントによるアウトは10。6つのバントを処理したサードの野元淳一は「短い距離から一塁に走らせていたので速さを感じず、焦りは感じなかった」と胸を張った。

10本のバントのうち、古川が処理したのはスクイズの一つを含む二つだけ。ほとんど反応することなく、体力の温存と余計な神経を使わないことに成功したのも勝因だった。

「ウチのやり方で揺さぶりをかけていけば、後半で一つぐらいはエラーが出るもの。それなのに、最後まで向こうの守りは崩れませんでしたね」

敵将の倉野光生監督も脱帽した守りは、事前の準備を徹底していたからこそだった。

05年夏に続いて出場した06年センバツの準決勝の相手は名門・PL学園（大阪）。相手のエースはその年のドラフトで広島に1位指名を受ける前田健太だった。準々決勝まで3試合で2失点（自責点1）の前田を清峰打線がどう攻略するか。清水コーチの指示はシンプルだった。

「前田君はインステップするので（右打者に）インコースが投げづらいのもあったんでしょうね。ビデオを見たら投球の9割5分が外だったんです。球種はまっすぐとカーブ。大きなカーブと言われてましたけど、そんなに打ちにくい球ではなかった。低めのひざ元にコントロールできるほどの制球力はありませんでした。なので、まずは外の高め狙いを指示しました。そのうえで、外の球も引っ張れと。前田君はスピードが145キロ出ていましたから、非力な打者は右打ちをしたら絶対ダメ。力負けしてファウルになりますから」

この試合、清峰打線は12安打6得点。バント安打2本を除く10安打のうち、右打者の左方向への打球は6本。特に4番の木原宏輔は前田から4打数3安打、1本塁打1二塁打と大当たりだった。「木原は外回りのバッターなんですが、ちょうど打てる外に球が来ているんです（安打、二塁打は外角ストレート。本塁打は内角の抜けたカーブ）」。

また、前田攻略のカギとなったのは2本のバント安打だった。2回無死二塁からの佐々木伸之の送りバントは前田が捕れずショート前に転がる内野安打。5回先頭打者の池野和麻のセーフティーバントは前田がつまずき悠々セーフになった。いずれも転がしたのは前田の右前、投手とサードの間。もちろん、これは狙い通りだった。

「前田君はインステップするので、投げ終わったあと体が一塁側に倒れますよね。だから物理的に三塁側には下りられないんです」

バント安打で出塁した二人は、ともに本塁を踏んだ。

もう一つは、相手の守備。大会前にＰＬの公式練習を見たときから、清水コーチは「内野守備はうまくない」という印象を抱いていた。そこを突いたのが2回の攻撃。無死二、三塁から山辺祐二の二塁ゴロで三走の木原が、さらに1死二、三塁から三塁ゴロで三走の佐々木伸がホームを突いた。結果的に、田辺の三塁ゴロをサードの奥平聡一郎が弾いて佐々木伸が先制のホームイン。三塁走者の内野ゴロ・ゴーは冬の間から練習してきたことだったが、事前に相手の守備力を把握していたからこそ、二人連続しての思い切ったゴロ・ゴーにつながった。

一方の打線も分析通りだった。

「PLのバッターは驚くほど外回り系が多かったんです。なので、(対右打者は)ほとんどインコースのまっすぐを使いました。それこそ、全体の5割以上だったと思います。外は見せ球に使う程度。打たれそうな球は初球に使いなさいと。ただ、ボールから入ることは絶対にさせません。ぎりぎりを狙いなさいというのはありますけどね。

左バッターは有迫（亮＝三菱重工長崎・左投手）の球と球種なら抑えられるなと。左対左は抑えやすいんです。どっち回りのタイプかは別にして、外をどう打たせるかだけなので」

打でも中心の4番・前田には徹底して内角直球を続けた。3打席目は四球、4打席目でセンター前にテキサス安打を打たれたが、1打席目は内角直球でショートゴロ、2打席目も内角直球で捕邪飛に打ち取った。

「**基本的に打てないところがあって、全部そこに投げられるなら、そこに投げ続ければいいと思います**。キャッチャーの判断もあったと思いますが、僕は絶対インコースは打てないと思ってましたから」

結果的に、投打の中心である前田に対し、投手としても、打者としても力を出させなかったことでPLに何もさせなかった。清峰は打っては12安打6得点。守っては有迫が2安打完封。6対0の完勝だった。

弱者が強者に勝つために その84

相手打者の打てないコースは徹底的に突く

選手に力さえあればデータ分析など必要ないかもしれない。だが、弱者にそんな力はない。なぜデータ分析が必要なのか。清水監督の考えるデータ分析とは何だろうか。

「高校野球は分析が結果に反映される余地が大きいと思います。選手の能力はある程度決まっていますから。そういう意味で分析は必要ですよね。それと、あとづけは嫌なんです。こういう準備をしたからこうなるというものがほしい。ゲームプランを立てて、その準備をすることが大事だと思います。僕は弱いチームでずっとやっていたからわかるんですが、やっぱり、**どんなに弱くても勝たないとダメ**。負け続けるとそこでしか物事が見えなくなります。分析をし、準備をして、成功体験を積み重ねること、勝ち進むことで初めて見える世界があるんです。

一般的に分析というと、確率だけを出していくと思われているかもしれませんが、自分のチームのピッチャーならここに投げれば抑えられるというところまで考えなければいけないと思います。ゲームプランを立てても、プランを実行できない選手が何人いても同じですから。そうなると、ゲームプランを崩す選手はメンバーに入れたくないんですよね。とんでもないところに投げるとか、キャッチャーが落としているのにスライディングするとか。ポカをやるとプランが崩れますから。やっぱり、**広い視野で見えて、プランを実行できる選手がいい。分析よりも、そういう選手を育てることが基本。それを抜きに分析は成り立たないと思います。**

分析は指導者として上積みの部分であって、分析と育成は表裏一体。自分のチームの選手を抜きにして、相手だけを見ても意味がないと思います」

分析には付加価値がある。何といっても、弱点を知ることで根拠を持った戦いができるということ。「あの人が言うなら間違いない」と思えるほど信頼している指導者の言葉なら、選手たちは自信を持ってプレーすることができる。なぜ、ここに投げるのか。なぜ、ここにバントするのか。目的と意図が明確なほど、選手たちは普段以上のパフォーマンスを見せる。そのためにも、普段からの選手との信頼関係作りは不可欠だ。

一方で、分析頼みになる落とし穴もある。データにとらわれるあまり、思い切ったプレーができなくなるようでは本末転倒だ。もちろん、分析を生かす選手個々の能力がなければ、いくら分析しても無意味。相手のことばかり考えて、自分たちの野球を忘れることのないようにしなければいけない。やはり、基本は自分たちがやるべきことを徹底すること、自分たちの実力を上げること。それを忘れず、データ分析を大いに活用して大物食いを狙おう。

弱者が強者に勝つために その85

データ活用の前には選手の育成がある。データにおぼれて、自分たちのやるべきことを見失わない

選手たちのモチベーションが上がらない――。

「弱者」を率いる指導者たちから、よくこんな声を耳にする。選手たちに「どうせできない」「どうせ勝てない」という固定観念が出来上がってしまっているからだ。例えば、中学時代に控えだった子は自信がない。だから、相手に中学時代から知っているレギュラー選手がいるとあきらめてしまう。進学校ではない学校の子は、勉強でも競争の中を勝ち抜いていない。それが、あきらめの気持ちにつながっている。

そんな子たちは、どうすれば変わるのだろうか。中学時代に野球未経験の子が試合に出ることもあった佐賀農芸（現・高志館）、神埼など部員10数人の野球部を指導した経験から、佐賀北の百崎敏克監督はこう言う。

「**弱いチームは一つのきっかけで変わる。一つのきっかけが自信になっていくというのをいくらも見てきています**。神埼で部員13人とかでやってたときは、本当に1回戦ボーイですよ。『ディレードスチール知ってる?』と言っても知らないんですよ。『わざとスタート遅らせて、相手のスキを突くんだよ。これを練習しよう』と説明して練習させて、次の日に県内の弱いチームとの試合でやってみた。試合は一方的にやられるんですけど、その一本が決まっただけでみんなものすごく盛り上がるんですよ。牽制《けんせい》の練習でもそうです。自主練習でもそれをやって、試合で殺す。そういうことを通じて、**何か一つできたときに『できたじゃない』って。その自信ですよね。**

　ましてや小さな大会でも優勝したり、強いところを倒したり、勝ちはしなくても9回までやったとか、練習してきたことができたとか、**達成感があったときに、表情がもう変わるんですね。それまでの厳しい言葉とか、いろんな指示というのが、スイスイ入っていくというか。表情が違うんですよ。**

　生徒たちの自信というのは、それはもう勝つのが一番ですよね。ずーっと負けてても、勝つことによってパーンといく。全国優勝したチームもそうです。ずーっと負けてて(前年夏県初戦敗退、秋県初戦敗退、春県3回戦敗退)、疑心暗鬼になりながら、僕たちも悩み、悩みしながら、それでも間違いないんだってやって、結果が一つ出た(5月の佐賀市大会で優勝)途端、ガーンといったんです。それからは、僕が指示してても、こいつら染み入ってるなぁって。普通はうなずいててもそれができないのが多いんだけど、ちゃんと理解して、それがすぐできる。予選のベスト4ぐらいから、染み入ってるなというのがあったんです」

　どんな小さなことでもいい。できなかったことができるようになったという成功体験が、選手たちの活力となり、モチベーションになる。それが勝敗に直結すれば最高だ。勝てなかったチームが勝てるようになれば、その活力やモチベーションは何倍にもなる。

成功体験を積み重ねる――。

はじめはどんなに簡単なことでもいい。弱者にとって、まずは練習すれば結果が出ると味わわせること。それが、チーム改革の第一歩だ。

弱者が強者に勝つために その86

一つのきっかけで大きく変わる。自信となる成功体験を味わわせる

すぐに嫌なことから逃げてしまう。

自分は無理だとあきらめてしまう。

最終的には、野球部をやめてしまう。

弱者にはそんな選手たちが少なくない。そんな子たちの意識はどう改革すればいいのか。やればできるとわからせるために、成功体験を積ませるためには、その前にやるべきことがある。それは、選手とのコミュニケーション。選手との信頼関係作りだ。

「基本的にマジメなんですよ。この年（16～18歳）まで野球をしてるんですから。プロになりた

いとか、いろいろ夢はあったにしても、朝から晩まで休みなく練習して、指導者から厳しいことを言われても、耐えて野球をやってるというのは、単なる好きだけじゃない。マジメなんです。だから、ちょっとしたひとことで変わるんですよね。

指導者の生徒に対する言葉がけ。直接は恥ずかしかったら、日誌でもいい。誰かを通じてでもいい。**人間はそのひとことで変わるんですよね。基本的にマジメだから、自分がどう見られてるかがものすごく気になるんですよ。その中でちょっとしたこと、野球に関することじゃなくても、そのひとことをかけたことによって光り輝くんですよね。**

だから、これはずっと僕たちも勉強しなきゃいけない。この反対も見てきましたからね。プロよりもすごい知識を持っていて、技術指導も素晴らしい指導者なんだけど、生徒の気持ちをつかめないからチームは崩壊しているという。生徒に自分を理解してもらえないんですね。やっぱり、**最後の部分は野球の技術だけじゃない。そういうお互いの気持ちをつかむのが大事。そのためには、観察しかないですよね。**ずーっと見てて、『お前のこれがいいんじゃない？』ということを言ったりして、『あ、自分はこれだけ見てもらってたんだ』と。それは、野球だけじゃない。プリントの枚数を数えるとか（※P65参照）何げなく見逃すようなことを、『こんな子がいたよ』と言う。言われた子は何げなくしてたんだろうけど、そういうのを見てもらったら、生き生きとしますよ。そんな話をすれば、他の子も『そうなんだ』と目配り気配りできるようになります。言葉がけはものすごく大事ですよね。

だからこそ、ほめてばっかりじゃダメだし、叱ってばかりでもダメ。オレがあれだけ厳しいこと言ったからふてくされてるなとか、思うようにいかなくて悩んでるなとか、そういうのをやっぱり見なきゃいけない。**見て、思ってやらなきゃいけないですよね。**普通の子育てや教育にもつながると思うんですけど、自分はこれだけのことをしてやった、物も買ってやった、いろんなところに連れて行ってやったからいいんじゃないし、忙しくて子供に何もしてやれなかったからダメなんじゃなくて、**どれだけその子のことを考えてやれるかなんですね。**忙しいけど、子供がどうしてるかな、何考えてるかなって。階段をバババーっと上がって、ドンと閉めたら、イライラすることがあるのかなぁとか。言葉がけしなくても、そう思ってやれるということ。それは自分の子供であろうと、生徒であろうと通じるんじゃないですかね。

人間が多くなると誰が来てて、誰が来てないかがわからなくなる。だから必ず最初に集合したら番号を言わせて『誰々が来てません』とか『全員来てます』という報告をさせるんです。それをなくしたら、翌日の日誌に『休んですみません』と書いてあるのを見て『休んでたの?』ということになる。気づいてないんですよ。教室でもあるんです。『誰々は今日どうだった? 昨日、熱あったけど』と言われても、『いや、来てたはずだけど、どうだったかな』って。朝のホームルームの10分で、先生が顔を見てないんです。だから、僕は言うんですよ。『たった10分でも名前呼んで、顔見たらわかるよ』って。実際、担任を持っているときはそうしてました。名前を呼んで、返事させて、顔を見るだけだけど、なんか今日はニコニコしてるな、何かあったのかなとか、それだけでわかる。聞かれても答えられるんです。

全員に話しかけるのは難しいかもしれないけど、その子のことを思ってやったり、見てやったりということはできますよね。それがちゃんとないと、いくら歯の浮くような言葉でほめたって、そのときだけですよ。日誌のやりとりをしてますけど、生徒が何か書いてきたときに『あれはよかったよな』とか言えば、『見ててくれたんだ』となりますし、内容のないことばかり書いてるやつには、書けてるやつの日誌をコピーして見せれば、自分の日誌はなんてうすっぺらなんだというのがわかる。そういう中から生徒と心のキャッチボールができて、いつのまにか自分を見つめることができるようになるし、こっちもえらそうなこと言いながら、自分もできてないなとか成長させてもらえるんじゃないかと思います」

指導者側からしたら1対100でも、生徒側からしたら、1対1。だからこそ、一人一人の表情を見てあげる、思ってあげる。ときには、言葉をかけてあげる。「オレはその他大勢ではない、一人の人間として見てもらっている」。そう生徒に思わせるからこそ、信頼関係が生まれ、監督の指示や提案を受け入れる姿勢が生まれる。心の中のコップが下を向いているままでは、いつまでたっても水はたまらない。こちらを向かせ、心のコップを上向きにしてあげる作業が指導者には絶対に必要だ。すべては信頼関係。これから始まる。

その87

たったひとことで大きく変わる。指導者対生徒は1対1。生徒一人一人のことを観察し、思い、考える

その88

生徒と信頼関係を築く

ひとくちに信頼関係とはいっても、単純なものではない。指導者はいうことを聞く子を「いい子」、反抗的な子を「生意気」と判断しがちだが、百崎監督の価値観は違う。

「じゃあ、『オレが言ったら何でもするのか?』って。おりこうさんじゃなくてもいいんですよ。少々やんちゃでもいい。甲子園に行くと、みんなおりこうさんみたいになるじゃないですか。普段そうじゃなくても、演じて。そういうのは嫌だなと思うんですよ」

実は百崎監督は神埼の監督時代、教え子を自殺でなくしている。その子は「自分の子もこういう子にしたい」と思うほど、マジメな優等生だった。百崎監督自身、もともとは「いい子」が好きだったが、そのことがあって考えが変わった。

「ウチの連中だって、ハメを外すことはないけど、それはわからない。いつ新聞沙汰になるか、

そういう中でやってますよ。そのときはしょうがない。でも、**いろいろあって人間じゃないかなと思うんです。**枠の中で何もしないで優等生みたいにしてるからいいとかじゃないでしょう。3年間あれば、これだけ人間がいればいろいろありますよね。僕たちだって投げ出したいことあるじゃないですか。この野郎、と思うことだって、どんなマジメな子にだってありますよ。

日誌だって、仮面かぶって、絶対出さないやつもいます。そしたら、いつか出しますもんね。感情的に『オレはこうなんだ』って。怒られるの覚悟で、『もうやめてやる』みたいなの書いてくると、うれしいですよ。そういうこと書いてきたら、『これでいいよ。やっとお前本音出したな』って。そしたら向こうが拍子抜けしながら、ちょっと見方が変わってくる。態度が変わってくる。

僕が何か言ったら、3倍冗談返すぐらいでいい。そういうの好きなんです。きつい練習で、しかめっ面だけするなよ。冗談の一つぐらい言えよって。きつくて、きつくて、もう倒れてるのに『もういっちょやろうか』『お願いします』って返すぐらいの、そういうユーモア。つらいとき、きついときこそユーモアで返せるような人間になってほしいんです」

統制がとれているいいチームはたくさんある。もちろん、応援したくなるような一生懸命やっているチームだ。だが、そういうチームは「いい子集団」になりすぎて突破口を切り開く選手がいない。嫌な展開にハマってしまうと、みんなが同じムード、雰囲気になり、ずるずるいってしまうのだ。そういうときに頼りになるのがやんちゃな選手。「おめぇら、どうしたの？」ぐらいの感じで、パカーンと長打をかっ飛ばしてくれる。雰囲気を変えてくれるのだ。もちろん、まったくいうことを聞かないようでは困る。許容範囲を超えたときには厳しく指導しなければならない。だが、見えない檻の中にいるのなら、少々やんちゃな部分には目をつぶってもいい。檻の中にいる限りは、自由に泳がせ、個性を生かしてやるのだ。

もっとも、そのさじ加減が難しいところなのだが……。

弱者が強者に勝つために その89

おりこうさん集団にしない。監督の言葉に冗談を返せるユーモアを持つ人間、少々やんちゃな人間も必要

弱者が最終的に目指すのは一つ。「思わず知らず応援されるチーム」だ。指導者目線からいえば、「かわいげのあるチーム」と言い換えることもできる。百崎監督は言う。

「**『甲子園なんてクソ食らえだ。お前らなんて甲子園に言ったって何にもならん。こんなこともできないなら甲子園なんて行くな、目指すな、何もない』と怒ることだってあります。甲子園なんてどうでもいいんです。**行きたいんですよ、誰でも。どうでもいいなんて言うと、僕がもし甲子園に行ってなかったら『行ってないから言うんだろ』と言われるし、行ってるから『お前は行っ

たから、優勝したから満足してんだろ』と言われるでしょうけど、そうじゃないんです。よく心の甲子園だなんていいますけど、そうだと思うんですよ。**プロセスというか、日々の何かができてなければ甲子園に行ってもしょうがないと思うんですよね。**

ちょっと言葉がけしたことが日誌なんかに書いてあると『ちゃんとあのひとこと覚えててくれたんだ』って思いますし、ガーッと説教しても、あとですぐにパッと反応があったりすると、あーよかったなと思う。そういうときが一番うれしいんです。指導者冥利に尽きるというのは、そういうときですよね。『バラバラになってるのをちゃんと並べろ。並べたつもりじゃなくて、角度から何からミリ単位で並べとけ』と言って、翌日来たら、**できてるよ、やってるよっていうようなことの積み重ね。それができなかったら甲子園なんてクソ食らえだと。逆に、そういうことができる連中のときは『こいつらを甲子園に』と思いますよね。**そうは言っても、なかなか行けないんですけど……。甲子園に行けなかったチームでも、そういうふうに思ったチームはたくさんあります。**日々言ったことが、すぐに染み入るようにちゃんとできる。何よりも、それが一番大事じゃないかと思うんです**」

百崎監督は甲子園を否定するつもりで言っているわけではない。全国の球児のあこがれである甲子園を目指す資格があるチームかどうかを言っているのだ。

弱くてもいい。こいつらとなら頑張れる。こいつらのためならどんな協力も惜しまない。指導者からそう思われるチームになってほしい。それが百崎監督の思い。指導者にかわいがられないチームが、スタンドに愛され、野球の神様に味方されることはないからだ。

イチローがこんなことを言っていた。

「いいチームを作るには、いい人間が必要。いいタレント、潜在能力や能力が高い選手ではなくて、いい人間が集まったほうがそれを作ることができる」

いいやつでなくてもいい。こいつらとなら、と思わせるかわいげのあるいい人間。弱者が目指すのは「いい人間」の集団だ。

弱者が強者に勝つために その90

甲子園を目指す資格のある、かわいげのある「いい人間」の集団にする

あとがき

よく高校野球は教育の一環と言われる。それゆえに、教育を言い訳にして、戦う前から勝負の土俵に上がらない指導者もいる。だが、それは〝逃げ〟にすぎない。選手がいない、グラウンドがない、照明がない、室内練習場がない、寮がない、道具がない、練習時間がない、学校の理解がない、親の理解がない、地域の理解がない……。言い訳にするのに格好な「ない」はそこらじゅうに転がっている。

月に行こうと思う人がいなければ永遠に行けなかった。雪の上で練習をしようと思わなければ、永遠に駒大苫小牧のような雪上ノックも紅白戦もできなかった。だが、どちらも当たり前になった今ではこう思える。それは「できなかった」のではなく、「やらなかった」だけなのだと。たとえ年月はかかろうとも、あきらめない限り夢は続く。夢を追い続ける限り、可能性はあるのだ。失敗を成功に変えるより、言い訳を成功に変えるほうがはるかに難しい。

「よくある失敗は、成功まであと一歩というところで、
そうとは知らずあきらめてしまうことだ」

（トーマス・エジソンの言葉）

「失敗するのは、成功するまでに努力を放棄するからだ。
成功するまで続ければ、事は必ず成功する」

（松下幸之助の言葉）

一度にすべての問題を解決することはできない。要領よく、最短の道のりで最高の結果を出すことも難しい。立ち止まったとき、行き詰まったときにこそ、「今できることをやる」ことが必要だ。現状を把握し、素直に受け入れ、「今できることをやる」ことを継続することで、初めて明るい未来が見えてくる。自分の置かれた状況を変えるのではなく、状況を変えるために自分を変えるのだ。

夢を持てば、意識が変わる。自分の意識が変われば、今まで気づかなかったことに気づけるようになる。夢を持てば、過去の失敗やつらい経験も、意義のある必要な経験、財産になる。新たな気づきを得て、失敗経験を生かせるようになったとき、必ずや見える景色は変わってくるはず。

今までは気づかなかった自分の可能性を感じて、無限の可能性を信じて、「弱者」の目指す二つの究極の理想を求めてください。

「思わず知らず応援されるチーム」

そして、

「甲子園で勝てるチーム」

口にプラス（＋）と書いて「叶《かな》う」。「叶う」にマイナス（－）がつくと「吐く」。どんなときも、プラスの言葉を発し続けてください。

自分で限界を作らない限り、夢は一生続きます。この本をきっかけに、目標に近づく選手、指導者、チームが生まれることを願っています。

田尻賢誉

この本では、あえて打撃については触れませんでした。よくて3割という最も確率が低い分野だけに、弱者が時間を割くには有効ではないと判断したからです。それよりも、重視したのは、「すぐできること」。読んだあと、すぐに実行に移せる分野、それも能力に関係なくできそうな分野に絞りました。もし次の機会がいただければ、打撃はもちろん、バントや走塁、戦術などにも広げたいと思います。その他、弱いチームや素材的に恵まれていない選手を指導するうえでの悩み、相談、知りたいことなどご意見をお聞かせ願えれば幸いです。

〈メールアドレス　jiyakusha@aol.com〉

著者略歴

田尻賢誉（たじり　まさたか）

1975年神戸生まれ。熊谷高、学習院大を卒業後、ラジオ日本勤務、アメリカでの日本語教師ボランティアを経て独立。スポーツジャーナリストとして高校野球、プロ野球、メジャーリーグなど幅広く取材活動を行っているほか、中高生、指導者への講演活動も行っている。著書に『木内語録　子供の力はこうして伸ばす』（二見書房）、『大旗は海峡を越えた』（小社刊）、『あきらめない限り、夢は続く』（講談社）、『公立魂』、『沖縄力』（ともに小社刊）などがある。現在の目標は「野球界から日本を変える」。

高校野球
弱者の戦法

平成22年6月8日　初版第1刷発行
平成22年8月11日　　第4刷発行

著者……田尻賢誉
発行人…町田秀夫
装丁……OMUデザイン
写真……作田祥一、竹藤光市、平野敬久
編集……小川誠志
協力……日刊スポーツ新聞社
発行所…株式会社日刊スポーツ出版社
〒104-8424　東京都中央区築地3-7-2
振替　00100-9-96280
電話番号　03（3546）5711
Eメール　ai-mate@nikkansports.co.jp
印刷所…文唱堂印刷株式会社

定価はカバーに表示してあります。
乱丁、落丁は小社にてお取替えいたします。
ISBN978－4－8172－0275－8

好評既刊本

沖縄力［うちなーぢから］
高校野球の心を求めて

田尻賢誉 著

定価 1,575 円　送料 290 円

沖縄尚学が 2008 年センバツ優勝、浦添商が 2008 年夏ベスト 4。そして興南が 2010 年センバツ優勝。甲子園で結果を残した 3 チームを徹底取材し、沖縄高校野球の強さの秘密に迫る。そこには、忘れられかけていた高校野球の本来の心がある。

公立魂
鷲宮高校野球部の挑戦

田尻賢誉 著

定価 1,575 円　送料 290 円

公立高校には公立高校ならではの練習方法と運営の仕方がある。埼玉県立鷲宮高校の野球を手本に、全力で取り組み、全力で目指し、全力で高校 3 年間を駆け抜ける――「気持ちの伝わる野球」を公立魂・格言集としてまとめた 1 冊。

大旗は海峡を越えた
駒大苫小牧野球部の軌跡

田尻賢誉 著

定価 1,575 円　送料 290 円

2004 年、夏の甲子園で駒大苫小牧が北海道勢初の全国制覇を成し遂げた。なぜ駒大苫小牧は、気候条件によるハンディを打ち破ることができたのか？　同校の野球部を軸に、北海道野球の戦いの歴史と魅力をドキュメントする。